Cristina Quadri-Leemann

Kastanienrezepte

Für meinen Vater,
der den Wald liebte.

Dankeschön

Bei allen, die mich bei der Zusammenstellung des Buches unterstützt haben, bedanke ich mich ganz herzlich. Besonders erwähnen möchte ich:
Sandro Oldrati, Albina Cereghetti, Doris Kühni-Schneider, José Antonio Zaiño, Lisetta Lucchini, den Verkehrsverein des Malcantone/CH, meinen Ehemann Gianni, der unermüdlich meine Kreationen kostet und beurteilt.

Cristina Quadri-Leemann
Kastanienrezepte

Landbuch
Verlag Hannover

Quadri-Leemann, Cristina:
Kastanienrezepte / Cristina Quadri-Leemann. – 1. Auflage. –
Hannover: Landbuch Verlag Hannover, 1999.
ISBN 3-7842-0586-0

© Landbuch Verlagsgesellschaft mbH Hannover
  Postfach 160, 30001 Hannover
  Kabelkamp 6, 30179 Hannover
  Tel.: 0511 / 6 78 06 - 0
  Fax: 0511 / 6 78 06 - 220
  http://www.landbuch.de

Hinweis:
Alle in diesem Buch enthaltenen Angaben, Daten, Ergebnisse etc. wurden von der Autorin nach bestem Wissen erstellt und von ihr und dem Verlag mit größtmöglicher Sorgfalt überprüft. Eine Verantwortung und Haftung für etwaige inhaltliche Unrichtigkeiten kann jedoch nicht übernommen werden. Der Haftungsausschluss gilt nicht, soweit nach dem Produkthaftungsgesetz für Personen- und Sachschäden gehaftet wird. Jeder Leser muß beim Umgang mit den genannten Stoffen, Materialien, Geräten usw. Vorsicht walten lassen, Gebrauchsanweisungen und Herstellungshinweise beachten sowie den Zugang für Unbefugte verhindern.

Projektleitung: Ulrike Clever, Landbuch Verlag Hannover
Fotos: R. Paltrinieri, Cadro-Ti (Schweiz)
       Dr. Helga Buchter-Weisbrodt, Rödersheim
Umschlaggestaltung und Layout:
DRAG 'N DROP · Büro für visuelle Kommunikation
Gesamtherstellung: Landbuch Verlag Hannover

Bei allen Rezepten ist unter der Angabe „Kastanie" die Ess-, bzw. Edelkastanie zu verstehen.

Für die Zubereitung der mit einem  *versehenen Gerichte sind ebenfalls die Produkte der Firma Sandro Vanini SA, CH-6987 Caslano, sehr gut geeignet.*

Inhaltsverzeichnis

7 Vorwort
8 **Die Edelkastanie, Castanea Sativa**
8 Handelsformen
9 Gedicht

10 *Herkunft der Kastanie*
11–15 **Vorspeisen**
16 *Brauchtum*

17–22 **Suppen**
24 *Die Legende vom Wunder mit den Kastanien*

25–31 **Beilagen**
33 *Der Kastanienhain*, Die Selva

34–41 **Hauptgerichte**
42 *Volksmund*

43–65 **Süßspeisen**
43–50 Aufläufe, Soufflés, Puddings

51 *Aberglaube*
52–57 Cremes, Mousses
58 *Tessiner Dialekt*
59–65 Varia
66 *Kastanienholz*

67–73 **Fladen, Kuchen, Torten**
67 Fladen
68–71 Kuchen
72–73 Torten

74,76,78,80 *Der Dörrofen, Die Grà/Graa*
75,77,79,81–83 **Konfekt**
84 *Rätsel*

85–89 **Besondere Köstlichkeiten**
90 92 Rezeptverzeichnis

Zu Bäumen habe ich schon seit meinen ersten Lebensmonaten ein besonderes Verhältnis. Meine Mutter, welche damals im idyllischen Emmentaler Weiler „Kleinegg" unterrichtete, stellte bei schönem Wetter den Kinderwagen unter die Apfelbäume des Baumgartens. Und weil ich im Mai Geburtstag habe, lag ich als Baby den ganzen Sommer lang unter diesen Apfelbäumen.

Bald darauf zogen wir in eine Kleinstadt. Während meiner Jugendzeit hat mich mein Vater alles gelehrt, was er über den Wald und die Bäume wusste.

Damals lebte in unserem Städtchen ein Schuhmacher aus Italien. Im Winter verkaufte er sonntags in einem Holzhäuschen Kastanien, „heissi Marroni", in selbstgemachten spitzen Tüten aus Zeitungspapier. Diese Marroni dufteten köstlich und wärmten uns auf dem Nachhauseweg die Hände.

Auf dem Schulhausplatz standen auch Kastanienbäume. Es waren jedoch Rosskastanienbäume. Im Herbst sammelten wir die Früchte und brachten sie in den Tierpark, wo sie den Rehen als Futter dienten. Das konnte ich als kleines Mädchen nicht verstehen – wenn sie uns doch so gut schmeckten, warum gaben wir sie dann den Tieren?

Ich fragte meinen Vater. Darauf erklärte er mir, dass die Rosskastanien mit den Esskastanien nur den Namen gemein hätten. Er versprach, mir im nächsten Herbst einen „richtigen" Kastanienbaum zu zeigen, denn in unserer kleinen Stadt am Jurasüdfuss gab es wirklich eine Edelkastanie. So machte ich Bekanntschaft mit den überaus stachligen Kastanienigeln. Ich erfuhr auch, dass die Kastanie im „Keltischen Baumkreis" mein Pate sei, und dass das nur für die Geburtstagskinder vom 15. bis 24. Mai und vom 12. bis 21. November gelte.

Seither habe ich ein ganz besonderes Verhältnis zu „meinem" Baum. Ich wohne in der Südschweiz am Rande eines Kastanienhaines, erlebe das helle Grün der ersten Blätter, den betörenden Duft der Blüten, das Reifen der Früchte. Im Herbst ziehen wir los, um die süssen Früchte zu ernten. Die „Kastanienrezepte" wollte ich schon immer aufzeichnen. Es war mir eine grosse Freude, das Buch zu schreiben, und ich hoffe, Ihnen von dieser Freude etwas weitergeben zu können.

Lugano, im September 1999

Cristina Quadri-Leemann

Die Edelkastanie, Castanea sativa

Ess-, Edelkastanie, Marone, engl. Sweet Chestnut

Die Kastanie zählt, wie alle Samen, welche in gekochter Form als Beikost geboten werden, zu den Samengemüsen, kann aber auch zum Obst gerechnet werden.

Inhaltsstoffe in 100 g essbarem Anteil (Mittelwerte, R= Rohfaser) (*nach Souci und Mitarbeitern*)

Wasser	50,1 g
Eiweiß	2,92 g
Fett	1,90 g
Kohlenhydrate	42,80 g
Ballaststoffe	1,42 g R
Mineralstoffe	1,18 g
Vitamine:	
Carotin	0,024 mg
Vitamin B1	0,20 mg
Vitamin B2	0,21 mg
Nicotinamid	0,87 mg
Vitamin C	27,0 mg
Sonstiges:	
Saccharose	13,9 g
Stärke	27,3 g

Handelsformen:

- Frische Kastanien
- Kastanien im Vakuumbeutel
- Kastanien im Glas
- Tiefgekühlte, geschälte Kastanien
- Getrocknete Kastanien (Dörrkastanien)
- Kastanienmehl
- Kastanienflocken
- Kastanienpüree tiefgekühlt
- Kastanienpüree in Tuben oder Konserven
- Kastanienkonfitüre
- Glasierte Kastanien (marrons glacés)
- Eingemachte Kastanien

Reife Kastanie

Oh Kastanie,
braun im grünen Stachelkleid,
mit dem süssen Kern!

Haikai, eine Gedichtform aus Japan

Kastaniensalat Nonna Guiseppina

Herkunft der Kastanien

Lange Zeit dachte man, die Kastanie sei zur Römerzeit aus dem
Orient nach Europa gebracht worden. Funde aus Gletscherabla-
gerungen von Pianico-Séllere und aus der Provinz von Varese mit
unmißverständlichen Blattabdrücken haben jedoch aufgezeigt, dass
Kastanienbäume bereits Ende des Tertiärs existiert haben. Aus
ihnen sind die derzeitigen europäischen Formen hervorgegangen.
Die Pflanze, welche im Zänozoikum vorhanden war, hat sich
während der Eiszeiten in engere Gebiete zurückgezogen, um am
Ende wieder größere Bereiche zu bewachsen, so die moderne Lehre
über die Ursprünge der Kastanie. In diesem Sinne läßt sie sich als
heimische Pflanze der Mittelmeergebiete betrachten. In die trans-
alpinen Gegenden wie auch in andere Länder mögen sie dann die
Römer gebracht haben.

Kastaniensalat

Die geschälten Kastanien mit dem Lorbeerblatt in Salzwasser 10 Min. kochen, abtropfen lassen. Die Endivien in feine Scheiben schneiden und mit den abgetropften Kastanien mischen. Das Öl mit dem Zitronensaft verrühren, die Sauce mit Ingwerpulver, Tabasco und Salz würzen. Die gehackten Baumnusskerne beifügen. Die Sauce über den Salat gießen, sorgfältig mischen.

Zutaten:
150 g Kastanien, geschält,
1 Lorbeerblatt,
4 Brüsseler Endivien,
   gewaschen,
5 EL Öl,
1 Zitrone, Saft,
Ingwerpulver,
2 – 3 Tropfen Tabasco,
Salz,
2 EL Baumnusskerne, fein
   gehackt

Tipp: Der Salat läßt sich sehr gut mit ganzen, eingeschnittenen tiefgefrorenen Kastanien zubereiten. Die Kastanien gefroren portionenweise ins kochende Wasser geben, die Kochzeit nach dem erneuten Aufkochen des Wassers messen.

Kastaniensalat »Nonna Giuseppina«

Die Kastanien kreuzweise oder längs auf der gewölbten Seite einschneiden. Wasser aufkochen, die vorbereiteten Kastanien portionenweise 8 Min. kochen und möglichst heiß schälen. Die geschälten Kastanien auskühlen lassen und in kleine Stücke zerteilen. Die Kastanienstücke mit den Rosinen, den halbierten Oliven, der gehackten Schalotte und der gehackten Petersilie mischen. Den Weinessig und das Olivenöl zu einer Sauce verrühren, mit Salz und Pfeffer würzen. Die Sauce mit dem Salat mischen. Den Kastaniensalat 10 Minuten ziehen lassen.

Zutaten:
500 g Kastanien,
50 g Rosinen, gewaschen,
12 Oliven, schwarz,
   entsteint, halbiert,
1 Schalotte, fein gehackt,
1 EL Petersilie, gehackt,
2 EL Weinessig,
4 EL Olivenöl, nativ,
Salz,
schwarzer Pfeffer
   aus der Mühle

11

Äpfel mit Kastanien-Mousse

Zutaten:

250 g Kastanien, geschält,
100 ml Apfelsaft, trüb,
1 TL Rosmarinpulver,
Salz nach Belieben,
4 Äpfel, geschält, halbiert,
das Kerngehäuse groß-
zügig entfernt,
1 EL Zitronensaft,
1 EL Honig,
50 – 100 ml Schlagsahne

Die geschälten Kastanien im Apfelsaft weich kochen. Die gekochten Kastanien mitsamt der Flüssigkeit pürieren und mit dem Rosmarinpulver und Salz nach Belieben würzen. Das Kastanienpüree auskühlen lassen. 200 ml Wasser mit dem Honig und dem Zitronensaft aufkochen. Die Apfelhälften dazu geben und knapp weich kochen. Die gekochten Äpfel auskühlen lassen. Schlagsahne zu dem Kastanienpüree mischen, bis die Mousse die gewünschte Konsistenz hat. Die Kastanien- Mousse in einen Spritzsack füllen und auf die Apfelhälften dressieren.

Kastaniensoufflé gesalzen

Zutaten:

500 g Kastanien, geschält,
50 g Butter [1],
ca. 200 ml Gemüsebrühe,
1 Zweig Sellerieblätter,
gewaschen,
1 Zuckerwürfel,
6 frische Eier, Eigelbe und
Eiweiße getrennt,
100 g Butter [2],
Salz, Pfeffer aus der Mühle,
Muskatnuss, Sahne,
Butter für die Form

Die geschälten Kastanien in der Butter [1] dünsten. Die Gemüsebrühe dazu gießen, die Kastanien sollen bedeckt sein. Den Selleriezweig und den Zuckerwürfel beifugen. Die Kastanien zugedeckt auf kleinem Feuer 30 Min. kochen lassen. Die gekochten Kastanien heiß durch einen Durchschlag streichen. Das Püree mit den Eigelben und der Butter [2] mischen und mit Salz, Pfeffer und Muskatnuss würzen. Mit Sahne zu einer dickflüssigen Masse verrühren. Die Eiweiße mit einer Prise Salz zu steifem Schnee schlagen und unter die Masse heben. Eine feuerfeste Form mit Butter ausstreichen. Die vorbereitete Form zu $2/3$ mit der Kastanienmasse füllen. Im auf 180° vorgeheizten Ofen 25 – 30 Min. backen, sofort servieren.

Kastanienragout

Die Kastanien im Schweineschmalz bräunen. Die gehackte Zwiebel beigeben und rösten. Die Fleischbrühe dazu gießen. Mit Salz nach Belieben und Pfeffer würzen. Das Lorbeerblatt und Thymian beifügen. Das Gericht auf kleinem Feuer zugedeckt 40 Min. kochen lassen. Die Kastanien sollen weich sein. Bei großen Früchten Kochzeit allenfalls verlängern.

Zutaten:

600 g Kastanien, geschält,
20 g Schweineschmalz,
1 Zwiebel, groß, gehackt,
400 ml Fleischbrühe,
1 Lorbeerblatt,
Thymian,
Salz nach Belieben,
Pfeffer weiß

Kastanien schälen

Tipp: Die Schale der Kastanien auf der runden Seite längs oder kreuzweise einschneiden. Am besten verwendet man dazu ein spezielles Kastanienmesser mit einer sehr kurzen, spitzen Klinge.
Die vorbereiteten Kastanien portionenweise in kochendes Wasser geben, 6 Minuten kochen lassen, mit dem Schaumlöffel herausheben und so heiß wie möglich schälen. Es muss sowohl die äußere Schale wie auch das innere Häutchen vollständig entfernt werden. Die Schalen und die inneren Häutchen der Kastanien machen knapp ein Drittel ihres Gewichtes aus. 1 kg frische Kastanien entspricht somit ungefähr 700 g Kastanienpürree.

Kastaniennudeln

Das Mehl mit den verquirlten Eiern, dem Olivenöl [1] und wenig Salz zu einem glatten, nicht klebrigen Teig kneten. Bei Bedarf etwas mehr Mehl verwenden. Den Teig zu einer Kugel formen, in Klarsichtfolie wickeln und 60 Min. ruhen lassen. Den Teig portionenweise möglichst dünn ausrollen. Die Teigplatten mit einem spitzen Messer in die gewünschte Breite schneiden. 5 l Wasser mit 1 EL Olivenöl [2] aufkochen. Salz beifügen. Die Hitze verringern. Die Nudeln im Salzwasser 2–3 Min. ziehen lassen, bis sie an die Oberfläche steigen. Die Nudeln abtropfen lassen, in vorgewärmte Teller geben, mit den gebackenen Salbeiblättern belegen und sofort servieren.

Zutaten:

100 g Kastanienmehl,
100 g Weizenmehl,
2 frische Eier, verquirlt,
1 EL Olivenöl [1],
Salz,
Mehl in Reserve,
1 EL Olivenöl [2],
12 Salbeiblätter,
1 EL Olivenöl [3] knusprig
  gebacken

Feine Eiernudeln mit Kastanien

Zutaten:

8 große Kastanien, geschält,
350 g feine Eiernudeln,
1 Knoblauchzehe, fein
  gehackt,
1 Rosmarinzweiglein,
2 EL Petersilie, gehackt,
Salz,
Pfeffer,
2 EL Olivenöl

Die geschälten Kastanien in Salzwasser 15 Min. kochen, abtropfen lassen und in Scheiben schneiden. Die Eiernudeln bißfest (al dente) kochen. Die Kastanienscheiben mit dem gehackten Knoblauch und dem Rosmarinzweig im Olivenöl 3 Min. dünsten. Den Rosmarinzweig entfernen. Die gekochten Nudeln abtropfen lassen und zu den Kastanien mischen. Das Gericht 2 Min. braten, mit der gehackten Petersilie bestreuen und in vorgewärmten Tellern servieren.

Kastanienplinsen mit Hering

Zutaten:

150 g Mehl,
150 g Kastanienmehl,
7 g Trockenhefe,
400 ml Milch, handwarm,
3 frische Eier, Eigelbe und
  Eiweiße getrennt,
Salz,
1 EL Butter, flüssig,
  lauwarm,
3 EL saure Sahne,
Bratbutter zum Backen,
1 Scheibe Pumpernickel,
  klein geschnitten,
1 EL Apfelessig,
6 Matjesfilets,
1 Zwiebel, klein, fein
  gehackt,
1 TL Zucker,
1 Ei, hartgekocht, gehackt,
1 Apfel, klein, geschält,
Pfeffer aus der Mühle,
saure Sahne

Das Mehl mit dem Kastanienmehl und der Trockenhefe vermischen. In der Mitte eine Mulde formen. Die handwarme Milch in die Vertiefung gießen, mit der Mehlmischung verrühren und den Teig schlagen, bis er Blasen wirft. Den Teig zugedeckt an einem warmen Ort 3 Std. gehen lassen. Die Eigelbe mit $1/2$ TL Salz verquirlen, mit der flüssigen lauwarmen Butter und 3 EL saurer Sahne zu dem Teig geben und einarbeiten. Den Teig weitere 30 Min. gehen lassen. Die Eiweiße mit einer Prise Salz zu steifem Schnee schlagen und unter den Teig heben. In der Bratbutter kleine runde Plinsen backen. Den Pumpernickel im Apfelessig einweichen. Die Matjesheringe fein wiegen. Den weichen Pumpernickel mit dem fein gewiegten Hering, der gehackten Zwiebel, dem Zucker und dem gehackten Ei mischen. Den geschälten Apfel dazu reiben. Die Masse mit Pfeffer würzen. Die Plinsen mit je 1 EL Fischmasse belegen und mit 1 TL saurer Sahne begießen.

Tipp: Werden die Matjesfilets 1 Std. in Wasser eingelegt, schmecken sie milder.

14

Kastanien mit Pilzen und Trauben

Die geschälten Kastanien in 40g Butter dünsten. Die Bratensauce dazu gießen und den Zuckerwürfel beigeben. Die Kastanien auf kleinem Feuer unter Rühren kochen lassen, bis sie die Flüssigkeit aufgenommen haben. Die Kastanien aus dem Topf heben. Die restliche Butter in den Topf geben. Die gehackte Schalotte oder Zwiebel in der Butter auf kleinem Feuer 5 Min. dünsten. Die Pilze beifügen und 5 Min. mitdünsten. Den Rotwein dazu gießen. Die Pilze auf kleinem Feuer zugedeckt 10 bis 15 Min. garen. Die Traubenbeeren schälen, halbieren und entkernen. Die halbierten Traubenbeeren und die vorbereiteten Kastanien mit dem Pilzragout mischen und kurz erwärmen. Auf vorgewärmten Tellern servieren.

Zutaten:
400 g Kastanien, geschält,
40 g Butter [1],
150 ml klare Bratensauce,
1 Zuckerwürfel,
20 g Butter [2],
1 Schalotte oder 1 kleine
   Zwiebel, fein gehackt,
300 g Pilze, gemischt,
   (z.B. Semmelstoppelpilze,
   Pfifferlinge, Grünlinge,
   Violette Ritterlinge, Maro
   nenröhrlinge, Steinpilze),
   gesäubert, in Stücke
   geschnitten oder halbiert,
150 ml Rotwein, trocken
1 Weintrauben-Rebe,
   blau, klein

Tipp: Mischpilze gibt es im Beutel oder als Konserve fertig zu kaufen. Kochzeit beachten.

Kastanien Périgord

Die Kohlblätter in kochendem Salzwasser blanchieren. Die geschälten Kastanien in die blanchierten Kohlblätter wickeln. Die Kohlpakete nebeneinander in einen dickwandigen, feuerfesten Topf legen. Das Bohnenkraut beifügen. Mit Salzwasser knapp bedecken und im auf 180° vorgeheizten Ofen 50 Min. ungedeckt kochen lassen. Den Weißwein dazu gießen. Das Gericht zugedeckt weitere 15 Min. schmoren lassen. Vor dem Servieren mit der flüssigen Butter bestreichen.

Zutaten:
1 Kohl, groß, in Blätter zer
   teilt, dicke Blattrippen
   flach geschnitten,
2 kg Kastanien, geschält,
1 Zweiglein Bohnenkraut,
Salz,
300 ml Weißwein,
Butter, flüssig,
   zum Bestreichen

Kastaniensuppe

Brauchtum

Am Abend vor dem Totensonntag wurde früher im Tessin und in Norditalien eine einfache Kastaniensuppe, etwas angereichert mit einer Handvoll Reis, auf das Feuer gesetzt. Bevor man sich zu Tisch setzte, füllte man ein Schüsselchen mit Suppe und stellte es vor das Fenster, wo es sich nach alter Überlieferung die Toten holen kamen. Ältere Leute kennen noch heute den Brauch des „Peradell":

Es ist eine Pflicht, frische Kastanien aufzubewahren, um sie am Abend des Totensonntags zuzubereiten. Man sagt, die Toten kämen in der Nacht, um die Kastanien zu essen. Deshalb kocht und schält man sie und stellt sie in einer hübschen Schüssel beiseite. Aber am nächsten Tag ißt man sie doch selbst.

Einfache Kastaniensuppe

Die Milch mit 1000 ml Salzwasser aufkochen. Die vorbereiteten Dörrkastanien im Sud weich kochen. Den Reis beifügen. Die Suppe weiter kochen lassen, bis der Reis gar ist. Die Butter beifügen. Nach Belieben salzen.

Zutaten:
1000 ml Milch,
200 g Kastanien, getrocknet (Dörrkastanien), über Nacht einge weicht, gesäubert, abgetropft,
150 g Rundkornreis,
30 g Butter,
Salz nach Belieben

Kastaniensuppe nach dalmatischer Art

Die Butter [1] und die Zuckerwürfel in die Fleischbrühe geben. Die geschälten Kastanien in der vorbereiteten Fleischbrühe weich kochen. Die Kastanien aus der Brühe heben. 12 Kastanien beiseite legen. Die restlichen Kastanien durch einen Durchschlag streichen. Die Masse mit der Butter [2], den Eigelben und der gehackten Petersilie vermischen. Die Kastanienpüreemischung in einen Topf geben. Die Fleischbrühe dazu gießen und die ganz belassenen Kastanien beifügen. Die Suppe erhitzen, aber nicht kochen. Sofort in vorgewärmten Tellern servieren.

Zutaten:
1000 ml Fleischbrühe,
30 g Butter [1],
2 Zuckerwürfel,
750 g Kastanien, geschält,
30 g Butter [2],
2 sehr frische Eigelbe
2 EL Petersilie, fein gehackt

Suppen

Dörrkastanien-Suppe

Zutaten:

150 g Kastanien, getrocknet
(Dörrkastanien), über
Nacht in Milch eingweicht,
gesäubert, abgetropft,
1 TL Fenchelsamen,
1 Schalotte, fein gehackt
50 g Butter [1],
1500 ml Fleischbrühe,
kochendheiß,
250 g Rundkorn- Reis,
20 g Butter [2],
Parmesan, frisch gerieben

Die vorbereiteten Dörrkastanien mit den Fenchelsamen in Salzwasser weich kochen. Die gekochten Kastanien aus dem Sud heben und abtropfen lassen. Die gehackte Schalotte in der Butter [1] 5 Min. dünsten. Die abgetropften Kastanien beifügen, mit einer Gabel zerdrücken und 5 Min dünsten. Die kochendheiße Fleischbrühe dazu gießen. Sobald die Suppe kocht, den Reis dazu geben. Den Reis in ca. 18 Min. bißfest (al dente) kochen. Die Butter [2] und frisch geriebenen Parmesan beifügen und sofort servieren.

Kastaniensuppe pikant

Zutaten:

250 g Kastanien, getrocknet
(Dörrkastanien), über Nacht
eingeweicht, gesäubert,
abgetropft,
200 ml Milch,
Salz,
schwarzer Pfeffer
aus der Mühle,
Tabasco,
Cayennepfeffer,
2 EL Petersilie, fein gehackt,
200 ml Schlagsahne

Die vorbereiteten Dörrkastanien in einen Topf geben. Wasser dazu gießen, bis die Kastanien bedeckt sind. Die Kastanien zugedeckt weich kochen, aus dem Sud heben und mit der Milch und 100 ml Kochsud pürieren. Das Püree unter Rühren aufkochen. Mit Kochsud verdünnen. Wenn die Suppe die gewünschte Konsistenz hat, mit Salz, Pfeffer, Tabasco und Cayennepfeffer würzen. Die gehackte Petersilie mit 4 EL Schlagsahne mischen. Die restliche Schlagsahne unter die Suppe heben. Die Suppe in 4 vorgewärmte Suppenteller anrichten und mit je einem EL Petersiliensahne garnieren.

Kastaniensuppe nach portugiesischer Art

Die Kastanien längs oder kreuzweise einschneiden und rösten (s. Rezept „Marroni" S. 85). Die möglichst heißen Kastanien schälen. 8 Kastanien beiseite legen, die übrigen in der Gemüsebrühe auf kleinem Feuer zugedeckt 40 Min. kochen lassen. Die gekochten Kastanien mitsamt der Brühe pürieren, mit Salz, weißem Pfeffer und einer Prise Zucker würzen und aufkochen. Die 8 zurückbehaltenen Kastanien vierteln. Die Butterstückchen, die Kastanienstücke und die Brotwürfelchen zu der Suppe geben. Sofort in vorgewärmten Tellern servieren.

Zutaten:
500 g Kastanien,
1000 ml Gemüsebrühe,
4 Scheiben Toastbrot, die Rinde entfernt, geröstet, in kleine Würfel geschnitten,
Salz,
weißer Pfeffer,
Zucker,
20 g Butter, in Stückchen geschnitten

Kastanien-Kürbis-Suppe

Die gehackten Schalotten in der Butter 5 Min. dünsten. Den Zucker darüber streuen und leicht karamellisieren lassen. Die Kastanienhälften und die Kürbiswürfelchen beifügen. Die Gemüsebrühe dazu gießen. Die Mischung zugedeckt weich kochen. Die gekochten Gemüse mitsamt der Brühe pürieren. Die Sahne und den Apfelsinensaft beifügen, mit Salz, Pfeffer und Muskatnuss würzen und nochmals erhitzen, jedoch nicht kochen lassen. Die Suppe in vorgewärmten Suppentellern servieren.

Zutaten:
2 Schalotten, gehackt,
1 EL Butter,
1 EL Zucker,
250 g Kastanien, geschält, halbiert,
500 g Kürbis, geschält, in Würfelchen geschnitten,
600 ml Gemüsebrühe,
200 ml Sahne,
1 EL Apfelsinensaft,
Salz,
schwarzer Pfeffer aus der Mühle,
Muskatnuss

Kastanien-Zwiebel-Suppe

Zutaten:
450 g Kastanien, geschält,
2 Zwiebeln, groß, grob
    gehackt,
1 Selleriestange, in Stücke
    geschnitten, einige Blätter
    aufgehoben,
1 Lorbeerblatt,
ca. 1200 ml Hühnerbrühe,
Salz nach Belieben,
schwarzer Pfeffer
    aus der Mühle

Die geschälten Kastanien, die gehackten Zwiebeln, die Selleriestücke und das Lorbeerblatt mit der Hühnerbrühe aufkochen. Die Gemüse auf kleinem Feuer zugedeckt 45 Min. kochen lassen. Das Lorbeerblatt entfernen. Einige Kastanien aus der Suppe heben und beiseite legen. Die Suppe pürieren und nochmals erwärmen. Bei Bedarf Hühnerbrühe beifügen. Mit Salz nach Belieben und Pfeffer würzen. In vorgewärmten Tellern servieren. Mit den zurückbehaltenen ganzen Kastanien und Sellerieblättern garnieren.

Kastaniensuppe mit Sherry

Zutaten:
 1 EL Öl oder Fett,
1 Lauchstange, halbiert,
    gewaschen, in 1 cm breite
    Scheiben geschnitten,
150 ml Sherry, trocken,
150 g Champignons, gesäubert, Stiele in Scheiben
    geschnitten,
400 g Kastanien, geschält,
ca. 750 ml Hühnerbrühe,
250 ml Milch,
1 EL Mandelblättchen,
    geröstet,
Salz,
Pfeffer aus der Mühle

Die Lauchscheiben im Öl oder Fett unter Rühren 5 Min. dünsten. Den Sherry dazu gießen und auf großem Feuer auf 100 ml einkochen lassen. Die Pilzscheiben und die geschälten Kastanien beigeben. 500 ml Hühnerbrühe dazu gießen. Die Mischung zugedeckt auf kleinem Feuer 30 Min. kochen lassen, pürieren. Die Milch zu dem Püree rühren. 200 bis 300 ml Hühnerbrühe, je nach gewünschter Konsistenz der Suppe, beifügen. Die Suppe mit Salz und Pfeffer würzen und erhitzen. Die gerösteten Mandelblättchen darüber streuen.

Kastaniensuppe mit Steinpilzen

Die geschälten Kastanien in der Hühnerbrühe weich kochen. Die weich gekochten Kastanien mitsamt der Hühnerbrühe pürieren. Die gehackten Schalotten im Olivenöl 5 Min. dünsten. Die Steinpilzscheiben beifügen und auf großem Feuer garen, bis alle Flüssigkeit verdampft ist. Den Merlot oder anderen Rotwein dazu gießen. Die Mischung auf kleinem Feuer 5 Min. kochen lassen. Das Kastanienpüree zu der Mischung geben. Die Suppe auf kleinem Feuer 10 Min. kochen, mit Salz und Pfeffer würzen. Die Sahne dazu gießen. Die Suppe nochmals erhitzen. Je eine geröstete Brotscheibe in einen vorgewärmten Suppenteller geben und die Suppe darüber gießen.

Zutaten:

250 g Kastanien, geschält,
150 ml Hühnerbrühe,
2 EL Olivenöl,
4 Schalotten, fein gehackt,
200 g Steinpilze, frisch,
 (ersatzweise tiefgekühlt),
 gesäubert, in feine
 Scheiben geschnitten,
200 ml Merlot oder
 anderer trockener Rotwein,
Salz,
Pfeffer aus der Mühle,
200 ml Sahne,
geröstete Brotscheiben
 (Toastbrot)

Kastanienbier-Suppe

Zwei junge Tessiner, ein Ingenieur und ein Techniker aus dem Nahrungsmittelbereich, hatten auf einer Reise durch Korsika das dortige Kastanienbier kennengelernt. Sie haben das Bier in der Schweiz entwickelt und die Herstellung hat eine über 100 Jahre alte Brauerei im schweizerischen Appenzell, die Brauerei Karl Locher, übernommen. Seit November vergangenen Jahres ist das „Castégna" im Handel

Das Mehl ohne Fettzugabe hellbraun rösten und mit dem Kastanienbier ablöschen. Die Brühe dazu gießen. Die Sahne beifügen und die Suppe auf kleinem Feuer 30 Min. ziehen lassen. Mit Salz und Pfeffer würzen. Die Butterstücke nacheinander mit der Suppe vermengen. Die Biersuppe in vorgewärmten Tellern servieren.

Zutaten:

30 g Mehl,
800 ml Kastanienbier,
200 ml Brühe,
100 ml Sahne 35%,
40 g Butter, in kleine Stücke
 geschnitten,
Salz,
Pfeffer aus der Mühle

Zutaten:

100 g Speck, in Würfel
   geschnitten,

1 Kartoffel, groß, geschält,
   halbiert,

1 Möhre, in Scheiben
   geschnitten,

1 Gewürznelke,

1 Lorbeerblatt,

Salz,

Pfeffer,

500 g Kastanien, geschält,

Fleischbrühe,

1 Stück altbackenes Brot,
   zerbröckelt,

Sahne

Pürierte Kastaniensuppe

Die Speckwürfel, die Kartoffelhälften, die Möhrenscheiben, die Gewürznelke und das Lorbeerblatt in einen Schmortopf geben und mit Salz und Pfeffer würzen. Die Kastanien beifügen, die Mischung mit Fleischbrühe bedecken und zugedeckt auf kleinem Feuer 40 Min. kochen. Das Lorbeerblatt und die Gewürznelken entfernen. Das zerbröckelte Brot zum Gemüse geben. Die Mischung mit dem Sud pürieren. Fleischbrühe nach Bedarf beifügen. Die Suppe aufkochen. Mit Sahne zu einer dicken, cremigen Suppe ergänzen, auf kleinem Feuer kurz ziehen lassen und in vorgewärmten Tellern servieren.

Tipp: Mit fein geschnittenen, in Butter knusprig gebackenen Weißbrotscheibchen (croûtons) servieren.

In der Provence wird diese Suppe ohne Speckwürfelchen und mit Gemüsebrühe als Fastensuppe zubereitet.

Blühende Kastanie

Edelkastanie mit Wurmloch

Die Legende vom Wunder mit den Kastanien

Es war einmal eine Frau, die war sehr arm. Ihr Mann lag lange schon krank zu Bette, und er konnte nichts verdienen. So kam es, dass die arme Frau eines Tages gar nichts mehr hatte, was sie ihren vielen Kindern zu essen hätte geben können. Diese weinten und baten vergeblich um einen Bissen Brot.

Da sagte die arme Frau zu ihnen: „Ich will euch einen Topf voll Kastanien kochen. Seid nur still und weint nicht mehr!" Weil sie aber keine Kastanien hatte, legte sie viele Kieselsteinchen ins Wasser und hängte den Topf übers Feuer. Bald fing das Wasser zu kochen an, und die Kinder freuten sich und machten große Augen.

Da klopfte es an die Türe. Draußen stand ein Bettler mit blondem Haar und blauen Augen, der sagte: „Habt Erbarmen und gebt mir zu essen, gute Frau, denn ich habe großen Hunger!" Traurig erzählte da die Frau von ihrer List, wie sie die Steinchen ins Wasser getan habe, um ihre Kinder für eine Weile zu trösten, und wie sie selber gar nichts zu essen habe.

„Es macht nichts, ich sehe wohl, Ihr habt ein gutes Herz und hättet mir sicher zu essen gegeben. Ich danke Euch, und seid gesegnet", sagte der Bettler, und ging seines Weges. Nun mußte die Frau den Deckel vom Topf heben, denn die Kinder fragten immer wieder, ob denn die Kastanien bald gar seien. Wie groß aber war das Staunen, als sie sah, dass der Topf mit großen, weich gekochten Kastanien gefüllt war! Im Haus duftete es auf einmal nach frisch gebackenem Brot, der Küchenschrank war voll davon, und auch ein Stück Fleisch lag da. Die arme Frau, der kranke Mann und die Kinder dankten für dieses Wunder. Der blonde Bettler, so will es die Legende, sei niemand anders als der liebe Gott gewesen, welcher von Zeit zu Zeit zur Erde hinab steigt, um die Herzen der Menschen zu prüfen und den Guten und Bedürftigen zu helfen.

Pikante Kastanienmousse auf Kiwis

Den Zucker in der Butter schmelzen, die geschälten Kastanien beifügen und unter Rühren 10 Min. karamellisieren. Die heiße Gemüsebrühe und die Milch dazu gießen. Die Kastanien zugedeckt 15 Min. auf kleinem Feuer kochen lassen. Die gekochten Kastanien mit der Flüssigkeit pürieren. Das Püree abkühlen lassen. Die Sahne mit einer Prise Salz steif schlagen, mit dem Limettensaft und dem Portwein vermischen. Die Sahnemischung unter das abgekühlte Kastanienpüree heben. Die Mousse in einen Spritzbeutel mit Sterntülle füllen. Die Kiwis schälen und in Scheiben schneiden. Die Kastanienmousse auf die Kiwischeiben spritzen.

Zutaten:
250 g Kastanien, geschält,
2 EL Butter,
1 El Zucker,
50 ml Gemüsebrühe, heiß,
50 ml Milch,
50 ml Sahne,
Salz,
20 ml Portwein,
1 EL Limettensaft,
4 Kiwis

Glasierte Kastanien

Den Zucker in der Butter hellbraun rösten. Die geschälten Kastanien beifügen. Die Fleischbrühe dazu gießen. Die Kastanien 20 Min. kochen. Die gekochten Kastanien aus der Flüssigkeit heben. Die Brühe auf 100 ml einkochen lassen. Die Kastanien in die reduzierte Brühe geben und glänzend braun braten.

Zutaten:
50 g Butter,
1 EL Zucker,
500 g Kastanien, geschält,
800 ml Fleischbrühe

Kastanienrotkraut

Den fein gehobelten Rotkohl in eine große Schüssel geben. Den Essig mit 200 ml Wasser aufkochen, den Rotkohl mit dem Essigwasser übergießen und 5 Min. ziehen lassen. Das Essigwasser durch einen Durchschlag in einen Kochtopf gießen. Den Rotkohl abtropfen lassen. Die vorbereiteten Kastanien im Essigwasser weich kochen, abtropfen lassen. Den abgetropften Rotkohl in der Butter 5 Min. dünsten. Den Rotwein dazu gießen, mit Salz und Pfeffer würzen und die Mischung auf kleinem Feuer zugedeckt 20 Min. kochen lassen. Die Sultaninen und den Zucker mit dem Rotkohlgemüse mischen. Die abgetropften Kastanien beifügen. Das Gericht auf kleinem Feuer 20 Min. kochen lassen.

Zutaten:

600 g Rotkohl, Strunk
    entfernt, fein gehobelt,
100 ml Rotweinessig,
400 g Kastanien, geschält,
20 g Butter,
100 ml Rotwein
Salz,
Pfeffer aus der Mühle,
100 g Sultaninen,
    gewaschen, abgetropft,
1 EL Zucker

Rosenkohl mit Kastanien

Den Zucker in der Butter schmelzen. Die geschälten Kastanien beigeben und 5 Min. in der Buttermischung glasieren. Die Gemüsebrühe dazu gießen. Die Kastanien auf kleinem Feuer 20 Min. garen. Den vorbereiteten Rosenkohl über Dampf 10 Min. kochen, mit den garen Kastanien mischen und das Gericht sofort servieren.

Zutaten:

500 g Kastanien, geschält,
30 g Butter,
2 TL Zucker,
2 EL Gemüsebrühe,
500 g Rosenkohl, gesäubert,
    größere Röschen halbiert

Würzige Dörrkastanien

Die Butter in 500 ml Wasser aufkochen. Den Bienenhonig, die Zimtstange, die Anissamen, die Gewürznelken und die Safranfäden beifügen. Die vorbereiteten Kastanien beifügen und im Sud weich kochen. Die gekochten Kastanien aus dem Sud heben und warm stellen. Den Sud auf 100 ml einkochen und über die Kastanien gießen. Die gerösteten Semmelbrösel darüber streuen.

Zutaten:
50 g Butter,
1 kg Kastanien, getrocknet (Dörrkastanien), über Nacht eingeweicht, gesäubert, abgetropft,
2 EL Bienenhonig,
1 Zimtstange,
1 EL Anissamen,
2 Gewürznelken,
einige Safranfäden,
ersatzweise 1 Prise Safran,
2 El Semmelbrösel, in wenig Butter geröstet

Kastanien mit Äpfeln

Die geschälten Kastanien in der Butter unter Schütteln bräunen. Den Zucker beifügen, mit einer Prise Salz würzen und die Kastanien glasig dünsten. Den Wein dazu gießen. Das Gericht 45 Min. auf kleinem Feuer kochen lassen. Die Äpfel schälen, vierteln und das Kerngehäuse entfernen. Die Apfelstücke zu den Kastanien geben und das Gericht weitere 15 Min. kochen lassen. Heiß oder kalt servieren.

Zutaten:
1 kg Kastanien, geschält,
100 g Butter,
1 EL Zucker,
Salz,
200 ml Rotwein,
6 Äpfel, mittelgroß, säuerliche Sorte

Kastanienpüree gesalzen

Zutaten:

30 g Butter,
1 El Zucker,
500 g Kastanien, geschält,
150 ml Fleischbrühe,
100 ml Milch,
100 ml Schlagsahne,
20 ml Malaga,
Salz,
1 Zitrone,
Saft

Die Butter mit dem Zucker erhitzen. Die geschälten Kastanien unter Rühren in der Mischung karamellisieren lassen. Die Fleischbrühe und die Milch zu den Kastanien gießen. Die Kastanien auf kleinem Feuer 30 Min kochen lassen. Die gekochten Kastanien mit der verbliebenen Flüssigkeit pürieren. Die Schlagsahne mit dem Malaga mischen und unter das Püree heben. Das Püree mit Salz und Zitronensaft würzen.

Tipp: Dieses Kastanienpüree eignet sich besonders gut als Beilage zu Wild und Wildgeflügel.

Kastanienpüree mit Sellerie

Zutaten:

1 kg Kastanien, geschält,
200 ml Gemüsebrühe,
200 g Sellerieknolle, in Stücke geschnitten,
50 g Butter,
Salz,
weißer Pfeffer,
Zucker,
Sahne

Die geschalten Kastanien in der Gemüsebrühe 45 Min. kochen lassen. Die Selleriestücke beifügen und das Gericht weitere 15 Min. kochen. Die gekochte Mischung pürieren. Das Püree in der Butter erhitzen, mit Salz, Pfeffer und einer Prise Zucker würzen. Sahne zu dem Püree rühren, bis es die gewünschte Konsistenz hat. Heiß servieren.

Kastanienreis-Kugeln

Den Basmati-Reis 60 Min. in kaltem Wasser einweichen. Den Wildreis in 250 ml leicht gesalzenem Wasser unbedeckt 45 Min. auf kleinem Feuer kochen lassen. Den gekochten Wildreis in einem Sieb abtropfen lassen. Den eingeweichten Basmati-Reis kalt abbrausen, in 100 ml Salzwasser 5 Min. sprudelnd kochen lassen, in ein Sieb geben und abtropfen lassen. Die geschälten Kastanien fein hacken. Die gehackten Kastanien in der Butter 5 Min. braten. Den abgetropften Wildreis und den abgetropften Basmati-Reis dazu mischen und erhitzen. Den Reis mit Hilfe einer Schöpfkelle oder einer Tasse zu Kugeln formen.

Zutaten:
125 Basmati-Reis,
125 g Wildreis,
350 g Kastanien, geschält,
60 g Butter,
Salz

Bataten mit Kastanien

Die Bataten im Dampf garen (gewöhnlicher Kochtopf mit Siebeinsatz: ca. 30 Min., Dampfkochtopf: ca. 10 Min.). Die gekochten Bataten in Alufolie einwickeln und im auf 200° vorgeheizten Ofen auf dem Rost 5–7 Min. backen. Die geschälten Kastanien in Wasser 10 Min. kochen, abtropfen lassen und fein hacken. Die gehackte Zwiebel und den gehackten Knoblauch im heißen Öl weich dünsten. Die gehackten Kastanien und den Zitronensaft beifügen, mit Salz nach Belieben würzen. Die gebackenen Bataten mitsamt der Alufolie halbieren und das Batatenfleisch mit einem Löffelchen behutsam heraus holen, dabei einen Rand von $1/2$ cm stehen lassen. Das Batatenfleisch mit einer Gabel zerdrücken und mit weißem Pfeffer würzen. Die Mischung in die ausgehöhlten Bataten füllen. In der Mitte je eine Vertiefung formen. Die Kastanienfüllung bergartig in die Mulden setzen.

Zutaten:
2 Bataten ca.500 g,
   unter fließendem Wasser
   abgebürstet,
400 g Kastanien, geschält,
1 El Olivenöl, nativ,
1 Zwiebel, fein gehackt,
1 Knoblauchzehe, fein
   gehackt,
Salz nach Belieben,
$1/2$ Zitrone, Saft
weißer Pfeffer

Kartoffeln mit Kastanienfüllung

Kartoffeln mit Kastanienfüllung

Die Kartoffeln mit einer Gabel mehrmals einstechen. Jede Kartoffel eng in Alufolie (glänzende Seite nach innen) einwickeln. Die eingewickelten Kartoffeln im auf 220° vorgeheizten Ofen auf dem Gitter 60 Min. backen. Mit einer Nadel prüfen, ob sie gar sind. Die gehackte Zwiebel und den durchgepreßten Knoblauch im Olivenöl 10 Min. dünsten. Die gehackten Kastanien und den Limettensaft beifügen, salzen. Die Mischung heiß werden lassen und warm stellen. Die Kartoffeln durch die Folie hindurch übers Kreuz einschneiden. Von unten her das Innere etwas herausdrücken und mit einem Löffelchen herausholen. Die Folie blütenförmig öffnen. Das entnommene Kartoffelfleisch mit der Kastanienmischung vermengen. Die Masse auf die geöffneten Kartoffeln geben.

Zutaten:
1 kg Kartoffeln, groß, unter fließendem Wasser abgebürstet,
2 EL Olivenöl, nativ,
1 Zwiebel, fein gehackt,
1 Knoblauchzehe, durchgepreßt,
400 g Kastanien, geschält, weichgekocht, gehackt,
1 EL Limettensaft,
Salz

Kastanienbrötchen

Die Hefe mit einer Prise Zucker in 2 EL lauwarmem Wasser auflösen und 15 Min. an einem warmen Ort aufgehen lassen. Das Mehl mit der Milch, der Butter [1], der gehackten Petersilie, der aufgegangenen Hefe und $\frac{1}{2}$ TL Salz zu einem geschmeidigen Teig kneten. Den Teig zugedeckt an einen warmen Ort stellen, bis sich das Volumen verdoppelt hat (ca. 60 Min.). Die geschälten Kastanien in der Butter [2] 10 Min. braten, etwas abkühlen lassen und in Stücke brechen. Die Kastanienstücke in den Teig kneten. Aus dem Teig kleine, runde Brötchen formen. Die Brötchen übers Kreuz einschneiden, auf ein mit Backpapier belegtes Backblech legen und nochmals 15 Min. gehen lassen. Die aufgegangenen Brötchen im auf 180° vorgeheizten Ofen 20 Min. backen.

Zutaten:
20 g Hefe, frisch,
Zucker,
300 g Vollkornmehl,
125 ml Milch, lauwarm,
50 g Butter[1], weich,
3 EL Petersilie, gehackt,
Salz,
250 g Kastanien, geschält,
20 g Butter[2]

Kastanienhain „Selva"

Am Baum gebliebener »Igel«
mit Schneehaube

Der Kastanienhain, die „Selva"

Dörfer im Tessin und in Oberitalien, welche nicht höher als 800 m über Meer lagen, hatten früher nahe des Dorfkernes den Kastanienhain, die „Selva". Diese wurde gehegt und gepflegt, denn ursprünglich war die Kastanie das tägliche Brot; das Brot der Menschen, die sich weder Kartoffeln noch Weizen kaufen konnten, das Brot der vielen – es sollen Tausende gewesen sein –, die Jahr für Jahr in alle Himmelsrichtungen zogen, um in den Städten „'eisse Marroni, Marroni ganz 'eiss" zu verkaufen. In Paris nannte man die Marroniverkäufer „les hirondelles d'hiver", die Winterschwalben. In Spanien hielten sie ihre gebratenen Kastanien feil unter dem Ruf „calentitas y asás!", hübsch warm und gebraten!

In früheren Zeiten gab es oft Streitereien zwischen den Bewohnern der höher gelegenen Täler, wo keine Kastanienbäume wachsen, und den Bewohnern der tiefer gelegenen Täler, welche nicht wollten, dass die anderen die Früchte in ihren Kastanienhainen ernteten. Um Kämpfe zu vermeiden, wurde das sogenannte „Luftrecht", das „jus in area" geschaffen, eine Art Bewilligung, von den Bäumen auf dem Grundstück Dritter Kastanien zu ernten.

Ebenfalls existierte das „jus plantandi", das „Recht anzupflanzen": Dieses Recht erteilte den Familien die Bewilligung, auf Gemeindeboden Bäume zu pflanzen oder Wildlinge zu pfropfen und Eigentümer des entsprechenden Baumes zu werden. Die Bäume wurden mit der Hausnummer der Besitzer oder mit einem Zeichen markiert. Am Jahresende war eine Taxe zu bezahlen, sie betrug damals je nach Größe der Bäume 15 bis 25 Rappen. Um den offiziellen Beginn der Kastanienernte anzukündigen, wurde die Glocke geläutet. Mit ihrem »bim, bim, bim« zeigte sie an, dass nur noch die Baumbesitzer Kastanien ernten durften. Die Gemeinde bestimmte einen Wächter, und wer in flagranti beim Kastaniensammeln erwischt wurde, mußte eine Buße von 5 Franken (etwa 5,– DM oder 35,– Schilling) bezahlen – damals sehr viel Geld.

Kastanien-Bohnen-Reis nach Pepa

Zutaten:

250 g Kastanien, getrocknet (Dörrkastanien), über Nacht eingeweicht, gesäubert, abgetropft,
1 Knoblauchhaupt,
2 Gewürznelken,
Zimtstange,
1 Lorbeerblatt,
3 EL Olivenöl,
1 TL Paprikapulver,
250 g große weiße Bohnen, getrocknet, über Nacht eingeweicht, kalt abgebraust, abgetropft,
100 g Reis, Salz

Vom Knoblauch nur die äußere weiße Haut entfernen, so dass das Haupt ganz bleibt. Die vorbereiteten Dörrkastanien, das Knoblauchhaupt, die Gewürznelken, die halbe Zimtstange und das Lorbeerblatt in einen Topf geben. Mit Wasser 8 cm hoch auffüllen. Das Olivenöl und das Paprikapulver beifügen. Die Kastanien 25 Min. kochen lassen. Die Bohnen dazu geben und weitere 45 Min. kochen lassen. Den Reis beifügen und wenn nötig Wasser nachfüllen. Nochmals 18 – 20 Min., je nach Reissorte, kochen lassen. Erst zum Schluss mit Salz würzen. Den Topf noch 1 Min. auf dem Feuer stehen lassen, danach das Gericht im Topf servieren

Getrocknete Kastanien (Dörrkastanien)

Tipp: Die Kastanien ca 12 Stunden einweichen und vor der Weiterverwertung von allenfalls noch vorhandenen Häutchen oder Schalenrückständen befreien und kalt abbrausen. Die Kochzeit richtet sich nach Qualität und Größe und beträgt 90 bis 120 Minuten.

Kastanien-Sauerkraut

Zutaten:

500 g Sauerkraut, roh,
250 g Kastanien, geschält,
200 ml Weißwein,
1 Möhre, geschält,
1 Zweiglein Thymian,
1 Zwiebel, geschält,
1 Lorbeerblatt,
2 Gewürznelken,
Salz,
Pfeffer,
3 Äpfel (Renetten), geschält, in Viertel geschnitten, das Kerngehäuse entfernt

Das Sauerkraut waschen und portionenweise auspressen. Das Sauerkraut, die geschälten Kastanien, den Weißwein, die geschälte Möhre und den Thymian in einen Topf geben. Mit Salz und Pfeffer würzen. Das Lorbeerblatt mit den Gewürznelken auf die geschälte Zwiebel stecken. Die Zwiebel und ein Glas Wasser zu der Sauerkrautmischung geben. Das Kastanien-Sauerkraut 90 Min. kochen lassen. Die Apfelviertel dazu geben. Das Gericht noch 30 Min. kochen lassen. Vor dem Servieren die Zwiebel, den Thymian und die Möhre entfernen.

Pfannkuchen mit Kastaniengemüse

Die Eier mit dem durchgesiebten Mehl, der Milch und dem Salz zu einer Creme schlagen. Den Pfannkuchenteig 30 Min. quellen lassen.

Die geschälten Kastanien mit dem Lorbeerblatt in Salzwasser 20 Min. kochen lassen. Den vorbereiteten Rosenkohl und die Möhrenscheiben über Dampf 20 Min. garen. Die gekochten Kastanien und die gekochten Gemüse abtropfen lassen. Die Mortadella in Würfelchen schneiden. Die abgetropften Gemüse und die abgetropften Kastanien in einer weiten Bratpfanne in der Butter[1] 3 Min. dünsten. Die Mortadellawürfelchen, die geschnittenen Salbeiblätter, den Fleischbrühwürfel und eine Prise Zucker beifügen. Mit Salz nach Belieben und Pfeffer würzen. Die Crème fraîche dazu gießen, die Mischung auf kleinem Feuer 5 Minuten kochen und warm stellen.

Aus dem Pfannkuchenteig in je 10 g Butter[2] 4 Pfannkuchen backen. Das Kastaniengemüse in die Pfannkuchen füllen und auf vorgewärmten Tellern servieren.

Zutaten:
4 frische Eier,
200 g Mehl,
500 ml Milch,
Salz
400 g Kastanien, geschält,
1 Lorbeerblatt,
200 g Rosenkohl, gesäubert,
    große Röschen halbiert,
200 g Möhren, geschält, in
    Scheibchen geschnitten,
200 g Mortadella (Wurstsorte)
in einer Scheibe,
50 g Butter [1],
4 frische Salbeiblätter, in feine
    Streifen geschnitten,
    ersatzweise ½ TL Salbeipulver,
1 Fleischbrühwürfel,
Zucker,
Salz nach Belieben,
schwarzer Pfeffer aus der
    Mühle,
100 ml Crème fraîche
40 g Butter [2]

Rotkohl mit Kastanien und Speck

Den Boden eines Topfes mit Speckscheiben auslegen. Den geschnittenen Rotkohl mit den Kastanien und den Apfelwürfeln mischen. Die Mischung auf die Speckscheiben geben. Den Rotweinessig und 200 ml Wasser darüber gießen, mit Salz und Pfeffer würzen und das Gericht zugedeckt 90 Min. auf kleinstem Feuer garen. Vor dem Servieren die Räucherspeckscheibchen braten und auf den Kastanienkohl legen.

Zutaten:
1 Speckschwarte, in
    Scheiben geschnitten,
1 kg Rotkohl, gewaschen,
    Strunk entfernt, in Stücke
    geschnitten,
1 kg Kastanien, geschält,
2 Äpfel, säuerliche Sorte,
    geschält, in Würfel
    geschnitten,
1 EL Rotweinessig,
Salz,
Pfeffer aus der Mühle,
300 g Räucherspeck, in
    feine Scheiben geschnitten

Kastanien-Kohl-Rouladen

Zutaten:

24 Kastanien, geschält, in
   wenig Wasser weich
   gekocht,
1 Weißkohl, große Blätter,
   die groben Rippen flach
   geschnitten,
1 Brötchen, altbacken,
   zerkleinert,
1 EL Butter [1],
Salz,
Muskatnuss,
250 g Hackfleisch, gemischt,
2 frische Eier, verquirlt,
250 ml Fleischbrühe,
70 g Butter [2],
Butter für den Topf

Die Kohlblätter in Salzwasser 10 Min. kochen, abtropfen lassen. Das zerkleinerte Brötchen in warmem Wasser einweichen. Die Brötchenstücke ausdrücken und in der Butter[1] dünsten. Mit Salz und Muskatnuss würzen. Die Brötchenmasse mit dem Hackfleisch und den verquirlten Eiern mischen. Je 2 bis 3 Kohlblätter auf die feuchte Arbeitsfläche legen. 1 bis 2 EL Fleischmasse darauf geben. Je 4 gekochte Kastanien auf die Fleischfüllung legen. Die Blätter zu Rouladen rollen. Die Rouladen mit Zwirn binden. Einen Schmortopf mit wenig Butter ausstreichen, die vorbereiteten Rouladen nebeneinander in den Topf legen und die Fleischbrühe dazu gießen. Die Butter[2] in Stückchen schneiden und beifügen. Die Kohlrouladen bei mittlerer Hitze schmoren, bis sie leicht gebräunt sind und die Flüssigkeit eingekocht ist. Im Topf servieren.

Gefüllter Kapaun

Zutaten:

1 Kapaun von ca. 3 ½ kg,
   zum Braten vorbereitet,
18 Kastanien, geschält,
   weich gekocht,
Kapaunleber,
150 g Kalbfleisch, gehackt,
75 g Butter, weich [1],
2 EL Semmelbrösel,
1 TL Zitronenschale,
   abgerieben,
1 EL Petersilie, fein gehackt,
2 frische Eier, verquirlt,
Salz,
Pfeffer,
Muskatnuss,
75 g Butter, weich [2],
500 ml Fleischbrühe

Die gekochten Kastanien mit der Kapaunleber pürieren. Das Püree mit dem gehackten Kalbfleisch, der Butter[1], den Semmelbröseln, der abgeriebenen Zitronenschale, der gehackten Petersilie und den verquirlten Eiern mischen. Die Masse mit Salz, Pfeffer und Muskatnuss würzen. Den Kapaun mit der Masse füllen und zunähen, mit Holzspießchen zustecken oder zuschnüren (siehe Tipp „Gänsebraten"). Den gefüllten Kapaun mit Salz einreiben, mit der Butter[2] bestreichen, in eine feuerfeste Form geben und im auf 220° vorgeheizten Ofen 1 Std. braten. Ab und zu etwas Fleischbrühe in die Form geben und den Braten häufig mit der entstandenen Sauce übergießen. Den Braten mit einer Alufolie bedecken und eine weitere Stunde unter Begießen braten.

Gänsebraten mit Kastanienfüllung

Das Innere der Gans mit Salz und Majoran einreiben. Die Gans mit den geschälten Kastanien und den vorbereiteten Äpfeln füllen und mit Zwirn oder Holzspießchen verschließen. Die gefüllte Gans, Brustseite nach unten, auf den Bratpfannen- Rost legen und mit 250 ml kochendem Wasser übergießen. In der Mitte des auf 220° vorgeheizten Ofens 60 Min. braten. Die Gans umdrehen und das Fett abschöpfen. Die Temperatur auf 200° senken und die Gans weitere 2 Std. braten. Bei Bedarf kochendes Wasser beigeben. Die braun gebratene Gans auf eine ofenfeste Servierplatte legen und mit kaltem Salzwasser bepinseln. Die Gans noch 5 Min. in den ausgeschalteten Ofen stellen. Die Gans zum Servieren öffnen, die Füllung rund herum legen. Die Bratensauce mit der Speisestärke eindicken und separat reichen.

Zutaten:
1 Gans, ca. 4 kg, zum Braten vorbereitet,
Salz,
1 EL Majoran,
250 g Kastanien, geschält,
500 g Äpfel, kleine Sorte, gewaschen, Stiel und Blüte entfernt,
1 EL Speisestärke

Tipp: Zum Verschließen hölzerne Zahnstocher von rechts nach links waagerecht durch die beiden Ränder stecken. Mit Zwirn wie Schnürsenkel zuschnüren.

Kastanien mit Speck und Äpfeln

Die vorbereiteten Dörrkastanien in wenig leicht gesalzenem Wasser 35 Min. kochen. Den Speck dazu geben und mitkochen. 20 Min. vor Ende der Garzeit die Apfelschnitze auf den Speck geben und mit Zucker bestreuen. Vor dem Servieren Kastanien und Apfelschnitze vermengen, den Speck in Stücke schneiden und auf die Mischung geben.

Zutaten:
500 g Kastanien, getrocknet (Dörrkastanien), über Nacht eingeweicht, gesäubert, abgetropft,
750 g Speck,
6 Äpfel, gewaschen, Kerngehäuse entfernt, in Schnitze geschnitten,
Zucker,
Salz

Stockfisch mit Kastanien

Reife Kastanien am Baum

Pute mit Kastanien

Die vorbereiteten Kastanien portionenweise in Wasser 8 Min. kochen und heiß schälen. 400 g gekochte Kastanien mit dem Brät, dem Cognac und den gehackten Trüffeln mischen. Die Füllung mit Salz und Pfeffer würzen und in die Pute füllen. Die Pute zunähen, mit Butter bestreichen und in einen großen feuerfesten Topf legen. Die Zwiebelstücke und die Möhrenscheiben dazu legen, die Hühnerbrühe dazu gießen und die Pute im auf 180° vorgeheizten Ofen 1 Std. braten, zwischendurch mit Fond begießen. Die Pute mit einer Speckschwarte belegen und weitere 30 Min. braten. Den Fond mit wenig Wasser lösen, durch einen Durchschlag gießen und mit dem Weißwein und den übrigen Kastanien erwärmen. Die Pute mit den Kastanien servieren.

Zutaten:

1 kg Kastanien, eingeschnitten,
1 Pute von ca. 3 kg, zum Braten vorbereitet,
400 g Brät,
10 ml Cognac,
100 g Trüffeln, gehackt,
Salz,
Pfeffer,
50 g Butter,
1 Zwiebel, geschält, grob gehackt,
2 Möhren, geschält, in Scheiben geschnitten,
250 ml Hühnerbrühe,
1 Speckschwarte,
100 ml Weißwein

Stockfisch mit Kastanien

Die vorbereiteten Dörrkastanien in Wasser 60 Min. kochen. Den Stockfisch aus dem Wasser nehmen, abspülen und trocken tupfen. Haut und Gräten entfernen und den Fisch in Stücke schneiden. Das Olivenöl [1] in einer feuerfesten Form erhitzen und die Zwiebelviertel darin anbraten. Die Knoblauchscheibchen, die Tomatenstücke, die halbierten Oliven und die Zitronenscheiben beifügen. Die vorgekochten Kastanien, und die Fischstücke dazu geben. Die Lorbeerblätter halbieren und in die Mischung stecken. Das Olivenöl [2] darüber träufeln. Das Gericht mit Pfeffer würzen und im auf 180° vorgeheizten Ofen 50 Min. kochen.

Zutaten:

150 g Kastanien, getrocknet (Dörrkastanien), über Nacht eingeweicht, gesäubert, abgetropft,
500 g Stockfisch, über Nacht gewässert,
2 EL Olivenöl [1],
4 Zwiebeln, mittelgroß, geschält, in Viertel geschnitten,
2 Knoblauchzehen, in Scheibchen geschnitten,
8 Tomaten, mittelgroß, gehäutet, entkernt, in Stücke geschnitten,
12 Oliven, entsteint, halbiert,
2 Zitronen, geschält, in Scheiben geschnitten, entkernt,
4 Lorbeerblätter,
100 ml Olivenöl [2],
Pfeffer aus der Mühle

Hasen-Kastanienragout im Nudelnest

Zutaten:

- 4 Hasenkeulen ca. 350 g, gehäutet, in Würfel von 3 cm geschnitten,
- 3 EL Öl,
- 2 Zwiebeln, grob gehackt,
- 400 ml Fleischbrühe (1),
- 250 g Kastanien, geschält,
- 300 g Schweinenieren, gewässert, von Sehnen und Röhren befreit, in dünne Scheiben geschnitten,
- 20 g Margarine (1),
- 40 g Mehl,
- 40 g Margarine (2),
- 250 ml Fleischbrühe (2),
- 40 g Tomatenmark,
- 1 El Zitronensaft,
- 20 ml Weinbrand,
- 4 El Johannisbeersaft,
- Salz,
- Pfeffer aus der Mühle,
- 250 g Nudeln,
- 20 g Butter, in Stückchen geschnitten

Die Fleischwürfel im Öl 5 Min. anbraten. Die gehackten Zwiebeln dazugeben und die Mischung unter Rühren 5 Min. braten. Die Fleischbrühe(1) dazu gießen. Das Fleisch zugedeckt auf kleinem Feuer zugedeckt 40 Min. kochen lassen. Die Kastanien in Wasser 20 Min. kochen. Einige Kastanien beiseite legen, die übrigen halbieren. Die Nierenscheiben in der Margarine(1) unter Wenden 10 Min. braten. Die gebratenen Nierenscheiben und die halbierten Kastanien zu dem Hasenfleisch geben. Das Gericht 10 Min. zugedeckt weiter kochen lassen. Das Mehl in der Margarine(2) unter Rühren dunkelbraun rösten. Mit der Fleischbrühe(2) ablöschen und aufkochen lassen. Die Fleischwürfel, die Nierenstücke und die Kastanienstücke aus dem Topf heben. Die Mehlsauce in den Bratfond rühren und die Sauce 5 Min. kochen lassen. Das Tomatenmark, den Zitronensaft, den Weinbrand und den Johannisbeersaft zu der Sauce rühren, mit Salz und Pfeffer würzen. Das Hasenfleisch, die Nierenstücke und die Kastanienstücke zu der Sauce geben und aufkochen. Das Gericht bis zur Fertigstellung der Nudeln warm stellen.

Die Nudeln nach Vorschrift bißfest (al dente) kochen. Die gekochten Nudeln mit den Butterstückchen mischen und als Ring in einer weiten Schüssel anrichten. Das Ragout in die Mitte geben. Die zurückbehaltenen Kastanien auf dem Nudelring verteilen.

Kastanientopf mit Schweinefleisch

Das geräucherte Schweinefleisch in Wasser 45 Min. kochen. Den Zucker in einem Schmortopf braun rösten. Die vorbereiteten Dörrkastanien beifügen und im karamellisierten Zucker wenden. Den Topf vom Feuer ziehen. Schweinefleischsud zu den Kastanien gießen, mit Salz und Pfeffer würzen. Die Kastanien 30 Min. kochen. Das Fleisch dazu geben, die halbierten Kartoffeln darauf legen und das Gericht auf kleinem Feuer 30 Min. kochen. Vor dem Servieren das Fleisch in Scheiben schneiden.

Zutaten:
1 kg geräuchertes Schweinefleisch, Stücke nach
   Belieben,
50 g Zucker,
400 Kastanien, getrocknet
   (Dörrkastanien), über
   Nacht eingeweicht,
   gesäubert, abgetropft,
Salz,
Pfeffer
400 g Kartoffeln,
   geschält, halbiert

Rindfleisch mit Kastanien und Birnen

nach katalanischer Art

Das Rindfleisch quer zu der Faser in 1 cm dicke Scheiben schneiden. Die Scheiben in Streifen schneiden. Das Fleisch mit Salz und Pfeffer würzen und im Olivenöl[1] portionenweise anbraten. Sollte dabei Flüssigkeit entstehen, das Fleisch aus dem Topf nehmen und die Flüssigkeit einkochen lassen, erst dann weiter braten. Alle gebratenen Fleischstreifen in den Schmortopf geben, den Weißwein und 180 ml Wasser dazu gießen und das Fleisch zugedeckt auf kleinem Feuer schmoren lassen. Die gehackten Tomaten im Olivenöl[2] zu einer dicken Sauce kochen, mit Salz, Pfeffer und einer Prise Zucker würzen. Die Birnenviertel in wenig Wasser mit dem Zimtpulver und 1 TL Zucker 5 Min. kochen. Das zerkleinerte Toastbrot und den gehackten Knoblauch im Olivenöl[3] dünsten. Die Brotmischung mit den Mandeln pürieren. Das Püree in die Tomatensauce rühren. Die gekochten Kastanien mit der Gabel zerdrücken. Die zerdrückten Kastanien und die Tomatenmasse zu dem Fleisch rühren. Die Birnen beifügen und das Gericht erhitzen. Sofort servieren.

Zutaten:
1 kg Rindfleisch zum Schmoren,
3 EL Olivenöl[1],
180 ml Weißwein, trocken,
3 frische Tomaten, gehäutet,
   entkernt, gehackt *(ersatzweise
   geschälte Tomaten aus der
   Dose)*,
2 EL Olivenöl[2],
4 Birnen, geschält, in Viertel
   geschnitten, das Kerngehäuse
   entfernt,
$\frac{1}{2}$ TL Zimtpulver,
2 Scheiben Toastbrot ohne
   Rinde, klein geschnitten,
1 Knoblauchzehe, fein gehackt,
2 EL Olivenöl[3],
7 Mandeln, geschält, geröstet,
250 g Kastanien, geschält, in
   Wasser weich gekocht,
Zucker,
Salz,
Pfeffer

Reife Kastanie

Der Kastanienbaum
ist der trefflichste Baum,
der Baum des Brotes,
der Baum Gottes.

Volksmund

Mächtiger Kastanienstamm

Kastanienauflauf

Die geriebenen Kastanien mit der Milch, dem geriebenen Brot, der Butter, den Eigelben, dem Zucker und der abgeriebenen Zitronenschale vermischen. Die Eiweiße mit einer Prise Salz zu steifem Schnee schlagen und unter die Masse heben. Eine feuerfeste Form mit Butter ausstreichen, die Masse einfüllen und den Auflauf im auf 180° vorgeheizten Ofen 90 Min. backen.

Zutaten:
400 g Kastanien, geschält, gerieben,
600 ml Milch,
100 g Brot, altbacken, gerieben,
50 g Butter, weich,
4 frische Eier, Eigelbe und Eiweiße getrennt,
100 g Zucker,
$1/2$ TL Zitronenschale, abgerieben,
Salz,
Butter für die Form

Kastanienauflauf mit Ananas

Die geschälten Kastanien in der leicht gesalzenen Milch 10 Min. kochen. Die gekochten Kastanien pürieren. Die Butter mit dem Zucker und dem Vanillezucker schaumig rühren. Die Eigelbe einzeln dazu rühren. Die abgeriebene Zitronenschale und den Rotwein beifügen. Das Kastanienpüree dazu rühren. Die Eiweiße mit einer Prise Salz zu steifem Schnee schlagen und unter die Masse heben. Eine feuerfeste Form mit Butter bestreichen. Den Boden mit den Ananasstückchen belegen. Die Kastanienmasse in die Form geben. Den Auflauf im auf 180° vorgeheizten Ofen 60 Min. backen, mit Puderzucker bestäuben und heiß servieren.

Zutaten:
250 g Kastanien, geschält,
125 ml Milch,
Salz,
40 g Butter,
100 g Zucker,
1 EL Vanillezucker,
4 frische Eier, Eigelbe und Eiweiße getrennt,
1 Zitrone, abgeriebene Schale,
3 EL Rotwein,
4 Scheiben Ananas, abgetropft, in Stückchen geschnitten,
Butter für die Form,
Puderzucker

Kastanienauflauf mit Dörrbirnen

Zutaten:

400 g Kastanien, geschält,
200 g gedörrte Birnen-
    schnitze, eingeweicht, in
    Stückchen geschnitten,
60 g Zucker,
200 ml Sahne,
50 g Butter,
Butter für die Form

Die geschälten Kastanien in wenig Wasser weich kochen, aus dem Wasser heben, abtropfen lassen und in Stücke teilen. Den Sud aufbewahren. Die eingeweichten Birnenschnitze weich kochen, abgießen, abtropfen lassen und halbieren. Den Zucker hellbraun rösten und mit 50 ml Kastaniensud ablöschen. Die Sahne dazu gießen. Den Topf vom Feuer nehmen. Eine feuerfeste Form mit Butter ausstreichen. Abwechslungsweise je eine Lage Kastanienstücke und Birnenschnitze einfüllen, mit Butterstückchen belegen. Die Sahnesauce darüber gießen. Das Gericht im auf 180° vorgeheizten Ofen 25-30 Min. schmoren. Warm servieren.

Zutaten:

500 g Kastanien, geschält,
    weichgekocht, püriert,
    oder 350g Kastaniepüree,
    ungezuckert
200 ml Milch,
Salz,
40 g Butter, weich,
100 g Zucker,
1 EL Vanillezucker,
4 frische Eier, Eigelbe und
    Eiweiße getrennt,
1 Zitrone, abgeriebene
    Schale,
100 g Kirschen, kandiert
    grob gehackt,
50 g Mandeln, geröstet, grob
    gehackt,
Butter für die Form,
Puderzucker

Kastanienauflauf mit kandierten Kirschen

Das Kastanienpüree mit der Milch verrühren und mit einer Prise Salz würzen. Die Butter mit dem Zucker und dem Vanillezucker schaumig rühren. Die Eigelbe einzeln dazu rühren. Die abgeriebene Zitronenschale und das vorbereitete Kastanienpüree dazu mischen. Die Eiweiße mit einer Prise Salz zu steifem Schnee schlagen. Den Eischnee unter die Kastanienmasse heben, die gehackten Kirschen und die gehackten Mandeln dazu mischen. Eine feuerfeste Form mit Butter ausstreichen. Die vorbereitete Form zu 2/3 mit der Masse füllen. Den Auflauf im auf 180° vorgeheizten Ofen 50-60 Min. backen, mit Puderzucker bestäuben und sofort servieren.

Überbackene Kastanien

4 feuerfeste Förmchen mit Butter ausstreichen. Die halbierten Kastanien in der Butter [1] hellbraun rösten. Die gerösteten Kastanien in die Förmchen verteilen. Die Bananen in Scheiben schneiden, mit dem Zitronensaft beträufeln und in der Butter [2] goldbraun braten. Die gebratenen Bananen über die Kastanien in die Förmchen geben. Die Crème fraîche mit dem Ei verrühren und mit einer Prise Salz und Zucker nach Belieben würzen. Die Creme über die Bananenscheiben gießen. Das Gericht im auf 200° vorgeheizten Ofen 30 Min. überbacken.

Tipp: Es kann eine große Form anstelle der Förmchen verwendet werden.

Zutaten:
500 g Kastanien, geschält, halbiert,
20 g Butter [1],
3 Bananen,
2 EL Zitronensaft,
20 g Butter [2],
200 ml Crème fraîche,
1 frisches Ei,
Salz,
Zucker,
Butter für die Förmchen

Kastaniensoufflé

Die geschälten Kastanien und das ausgekratzte Innere der Vanilleschote in der Milch 40 Min. kochen. Den Zucker beifügen und 2 Min. unter Rühren kochen lassen. Die Masse durch einen feinen Durchschlag streichen. Die Eigelbe unter Rühren beifügen. Die Eiweiße mit einer Prise Salz zu steifem Schnee schlagen und unter die Kastanienmasse heben. Eine feuerfeste Form mit Butter ausstreichen. Die Soufflémasse in die Form geben. Im auf 180° vorgeheizten Ofen 30 Min. backen, sofort servieren.

Zutaten:
500 Kastanien, geschält,
1 Vanilleschote, ausgekratzt,
500 ml Milch,
175 g Zucker,
3 frische Eier, Eigelbe und Eiweiße getrennt,
Salz,
Butter für die Form

Kastaniensoufflé aus Dörrkastanien

Zutaten:

250 g Kastanien, getrocknet
    (Dörrkastanien), über
    Nacht eingeweicht, gesäu-
    bert, abgetropft,
300 ml Milch,
80 g Zucker,
10 g Vanillezucker,
50 g Butter, weich,
50 ml Grappa (Branntwein),
3 frische Eigelbe,
4 frische Eiweiße,
Salz,
Butter und Zucker
für die Form,
Puderzucker

Die vorbereiteten Dörrkastanien in der Milch weich kochen. Die gekochten Kastanien pürieren. Den Zucker, den Vanillezucker, die Butter und den Grappa mit dem Püree vermischen. Ein Eigelb nach dem andern beifügen. Die Eiweiße mit einer Prise Salz zu steifem Schnee schlagen und unter die Masse heben. Eine feuerfeste Form mit Butter ausstreichen und mit Zucker bestreuen. Die Masse einfüllen und im auf 180° vorgeheizten Ofen 40 Min. backen. Das Soufflé mit Puderzucker bestäuben und sofort servieren.

Zutaten:

600 g Kastanien, geschält,
500 ml Milch,
80 g Mandeln, geschält,
    gerieben,
60 g Zucker,
1 TL Vanilleessenz,
10 g Gelatine in Blättern,
60 g kandierte Früchte,
    gemischt, gehackt, in
    Weinbrand eingelegt,
200 ml Schlagsahne

Kastanienpudding mit kandierten Früchten

Die geschälten Kastanien in der Milch weich kochen. Die gekochten Kastanien aus der Milch heben und durch einen Durchschlag streichen. Das Puree mit der Milch, den Mandeln, dem Zucker und der Vanilleessenz unter Rühren zu einer dicken Masse kochen. Die Gelatineblätter in kaltem Wasser 4-5 Min. quellen lassen, leicht ausdrücken und zu der Masse rühren. Die Kastanienmasse etwas abkühlen lassen. Die abgetropften kandierten Früchte und die Schlagsahne dazu mischen. Die Puddingmasse in eine kalt ausgespülte Puddingform geben und 2 Stunden tiefkühlen.

Kastanienpudding mit Aprikosensauce

Die geschälten Kastanien mit dem Zucker und dem Vanillezucker in der Milch [1] auf kleinem Feuer weich kochen und pürieren. Die abgetropften Rosinen auf Haushaltpapier trocknen lassen. Die Butter schaumig rühren. Die Eigelbe einzeln zu der Butter rühren. Das vorbereitete Kastanienpüree und die gut ausgedrückten Brötchenstücke zu der Buttermischung geben. Die Eiweiße mit einer Prise Salz zu steifem Schnee schlagen und unter die Kastanienmasse heben. Die trockenen Rosinen dazu mischen. Eine große Puddingform mit Butter ausstreichen und mit Semmelbröseln bestreuen. Die Puddingmasse in die vorbereitete Form geben. Die Form verschließen, in kochendes Wasser stellen und den Pudding 50 Min. kochen lassen. Die Form unter fließendem kaltem Wasser abschrecken. Den Pudding auf eine Platte stürzen.

Die Aprikosenmarmelade mit wenig heißem Wasser und dem Rum verrühren, über den gestürzten Pudding gießen und heiß servieren.

Zutaten:
400 g Kastanien, geschält,
300 ml Milch [1],
100 g Zucker,
1 EL Vanillezucker, Salz
125 g Rosinen, eingeweicht,
   abgetropft,
60 g Butter, weich,
6 frische Eier, Eigelb und
   Eiweiße getrennt,
1 Brötchen, klein geschnitten, in 100 ml Milch [2]
   eingeweicht,
Butter für die Form,
Semmelbrösel,
3 EL Aprikosenmarmelade,
2 ml Rum

Kastanien tiefkühlen
Tipp: Frische Kastanien einschneiden und roh einfrieren. Zum Schälen tiefgekühlt ins kochende Wasser geben. 8 Minuten kochen lassen.

Kastanienpudding „Rufino"

Kastanienpudding »Rufino«

Die vorbereiteten Dörrkastanien in einen Topf geben. Die Butter, 250 ml Wasser, den Zucker [1], die Zimtstange und die abgeschälte Zitronenschale beifügen. Die Kastanien weich kochen, aus der Flüssigkeit heben und pürieren. Die weiche Butter zu dem Kastanienpüree geben. Ein Ei nach dem andern mit der Masse verrühren. Die Sahne beifügen.

Den Zucker mit Wasser zu einem klaren Sirup kochen. Zwei rechteckige Backformen mit dem Sirup benetzen. Die Kastanienmasse in die beiden Formen füllen. Im auf 180° vorgeheizten Backofen im Wasserbad 45-50 Min. kochen lassen. Die Puddings auskühlen lassen und aus der Form lösen.

Die Kuvertüre im Wasserbad auflösen. Die gestürzten Puddings mit der Kuvertüre überziehen und für 6 Std. in den Kühlschrank stellen. Zum Servieren in dünne Scheiben schneiden.

Zutaten:
250 g Kastanien, getrocknet (Dörrkastanien), über Nacht eingeweicht, gesäubert, abgetropft,
300 g Zucker [1],
1 Zimtstange,
1 Zitrone, Schale,
100 g Butter, weich,
6 frische Eier,
250 ml Sahne
50 g Zucker
100 g Schokoladenkuvertüre, dunkel

Kastanien-Reis-Pudding

Die geschälten Kastanien in der Milch auf mittlerem Feuer 30 Min. kochen lassen. Den Zucker, den Reis und die Rosinen beifügen. Die Mischung unter ständigem Rühren mit einem Holzlöffel auf kleinem Feuer 30 Min. kochen lassen. Die Butter dazu rühren und den Topf vom Feuer ziehen. Eine Puddingform mit dem Rum benetzen. Die Puddingmasse in die Form füllen, die Form dabei mehrmals leicht gegen die Tischkante schlagen, um Luftblasen zu vermeiden. Den Pudding 6 Std. kühl stellen. Vor dem Servieren stürzen.

Zutaten:
150 g Kastanien, geschält,
1000 ml Milch,
50 g Zucker,
150 g Rundkornreis,
50 g Rosinen, eingeweicht, abgetropft,
50 g Butter,
1 EL Rum

Kastanienpudding mit Weinsauce

Zutaten:

500 g Kastanien, geschält,
100 ml Sahne,
1 Zitrone, Saft und abgeriebene Schale,
5 frische Eier, Eigelbe und Eiweiße getrennt,
125 g Butter,
125 g Zucker,
50 g Mandeln, geschält, gerieben,
2 Tropfen Bittermandel-Aroma,
Salz,
Butter und Semmelbrösel für die Form,
1 Stück dünn abgeschälte Apfelsinenschale,
$1/2$ Zimtstange,
2 Gewürznelken,
400 ml Rotwein,
100 g Zucker,
1 EL Stärkemehl,
2 EL Apfelsinensaft,
1 EL Rum

Die geschälten Kastanien in Wasser weich kochen, abtropfen lassen und pürieren. Das Kastanienpüree mit der Sahne und 1 EL Zitronensaft verrühren. Die Eigelbe mit der Butter und dem Zucker zu einer weißlichen Creme rühren. Die abgeriebene Zitronenschale, die geriebenen Mandeln und das Bittermandel-Aroma beifügen. Die Creme mit dem Kastanienbrei vermengen. Die Eiweiße mit einer Prise Salz zu steifem Schnee schlagen. Den Eischnee unter die Kastanienmasse heben. Eine Puddingform mit Butter ausstreichen und mit Semmelbröseln bestreuen. Die Mischung in die vorbereitete Form geben. Den Pudding im Wasserbad auf kleinem Feuer 90 Min. garen.

Die Apfelsinenschale, die halbe Zimtstange und die Gewürznelken in ein Mullsäcklein binden. Den Rotwein mit dem Zucker und den Gewürzen aufkochen. Das Mullsäcklein entfernen. Die Sauce mit kalt angerührtem Stärkemehl binden und abkühlen lassen. Vor dem Servieren den Apfelsinensaft und den Rum zu der abgekühlten Sauce rühren. Den erkalteten Pudding stürzen und mit etwas Weinsauce begießen. Die restliche Sauce separat servieren.

Edelkastanien – Marone (groß), Wildfrucht (klein)

Wenn dich kein Esel beißen soll...

Während Jahrhunderten gab es in der Lombardei einen ganz speziellen Aberglauben: Wer nicht vom Esel gebissen werden wollte,
mußte am 1. Mai jeden Jahres eine Kastanie essen. Mit diesem Aberglauben hielten es die Leute, bis die Esel selten geworden und end-
lich ganz verschwunden waren.

Kastaniencreme

Zutaten:

450 g Kastanien, geschält,
200 ml Milch,
einige Tropfen Vanilleessenz,
1 Apfelsine, abgeriebene
   Schale und Saft,
2 EL Rum,
100 g Rohzucker aus
   Zuckerrohr,
2 frische Eiweiße,
Salz

Die Milch mit der Vanilleessenz aufkochen. Die geschälten Kastanien beifügen und 20 Min. auf kleinem Feuer kochen lassen. Die gekochten Kastanien pürieren. Die abgeriebene Apfelsinenschale, den Apfelsinensaft, den Rum und den Rohzucker zu dem Püree geben. Die Eiweiße mit einer Prise Salz zu steifem Schnee schlagen und unter die Creme heben. Die Creme in 6 Schälchen füllen und 2 Std. kühl stellen.

Kastaniencreme mit Apfelschaum

Bulgarisches Rezept

Zutaten:

500 g Kastanien, geschält,
500 g Äpfel, gewaschen,
1 frisches Eiweiß,
100 g Puderzucker,
Butter für das Blech,
Schlagsahne, gezuckert,
   zum Garnieren

Die geschälten Kastanien in wenig Wasser weich kochen, abtropfen lassen und pürieren. Die ganzen Äpfel auf ein mit Butter bestrichenes Blech setzen und im auf 200° vorgeheizten Ofen weich garen. Die Äpfel etwas auskühlen lassen und durch einen Durchschlag streichen. Das Püree auskühlen lassen. Das Eiweiß mit dem Puderzucker und dem ausgekühlten Apfelpüree schaumig schlagen. Das vorbereitete Kastanienpüree und den Apfelschaum lagenweise in eine Glasschüssel geben und 2 Std. kühl stellen. Vor dem Servieren die gezuckerte Schlagsahne in einen Spritzsack füllen und in Rosetten auf das Gericht spritzen.

Tipp: Bei Verwendung von gezuckertem Kastanienpüree (Fertigprodukt) muß die Puderzuckermenge entsprechend vermindert werden.

Kastanien-Birnen-Creme

Die vorbereiteten Dörrkastanien mit dem Lorbeerblatt und dem Zucker in der Milch weich kochen. Die Birnenhälften mit dem Kirsch und 1 EL Wasser garen. Die gekochten Kastanien aus der Milch heben und mit den gekochten Birnen samt Flüssigkeit pürieren. 100 ml Milchsud dazu rühren. Die trockenen Sultaninen beifügen. Die Creme in eine Servierschüssel geben, mit den Schokoladenraspeln bestreuen und mit Schlagsahnetupfen garnieren.

Zutaten:

500 g Kastanien, getrocknet (Dörrkastanien), über Nacht eingeweicht, gesäubert, abgetropft,

1 Lorbeerblatt,

100 g Zucker,

500 ml Milch,

4 Birnen, geschält, halbiert, Kerngehäuse entfernt,

2 EL Kirsch,

100 g Sultaninen, in lauwarmem Wasser eingeweicht, abgetropft, auf Küchenpapier getrocknet,

50 ml Schlagsahne,

50 g Schokoladenraspel

Kastaniencreme mit Johannisbeergelee

Die geschälten Kastanien in der Milch weich kochen und mit der Milch pürieren. Die Butter mit dem Zucker schaumig rühren. Unter Rühren den Rum und das Kastanienpüree portionenweise beifügen. Eine Schicht Kastaniencreme in eine Glasschüssel geben und mit einer dünnen Schicht Johannisbeergelee bedecken. Die Schüssel schichtweise füllen, mit einer Schicht Kastaniencreme abschließen. Das Gericht kühl stellen. Die aufgelöste Schokoladenkuvertüre vor dem Servieren darüber gießen.

Zutaten:

500 g Kastanien, geschält,

250 ml Milch,

80 g Butter, weich,

80 g Zucker,

20 ml Rum,

4 EL Johannisbeergelee,

100 g Schokoladenkuvertüre

Kastanienmousse aus Marrons glacés

Die Marrons glacés pürieren und mit dem Kastanien-püree mischen. Die Crème fraîche mit dem Vanillezucker steif schlagen. ⅔ davon mit der Kastanienmischung ver-rühren. Die Eiweiße mit einer Prise Salz zu steifem Schnee schlagen und mit einem Spachtel unter die Kasta-nienmasse heben. Kleine Dessertschalen mit Kakaopul-ver bestäuben. Die Mousse in die Schälchen füllen und mindestens 30 Min. kühl stellen. Vor dem Servieren mit dem übrigen Drittel der geschlagenen Crème fraîche garnieren und mit dem restlichen Kakaopulver bestäu-ben.

Zutaten:
12 große Marrons glacés
   (s. Rezept S. 81)
   *oder 300 g Marrons glacés
   in Stückchen,*
2 EL Kastanienpüree,
100 ml Crème fraîche,
   flüssig, sehr kalt,
1 EL Vanillezucker,
4 frische Eiweiße,
1 EL Kakaopulver, Salz

Kastanien- Bavaroise

Die geschälten Kastanien in der Milch weich kochen. Die gekochten Kastanien durch ein Sieb streichen. Den Zucker mit dem Vanillezucker vermischen. Die Eigelbe mit der Sahne und der Zuckermischung im Wasserbad bis vor den Siedepunkt schaumig schlagen, aber nicht kochen lassen. Den Topf vom Feuer ziehen. Die in wenig heißem Wasser aufgelöste Gelatine zu der Eiermasse rühren. Das Kastanienpüree und den Rum dazu geben. Die Masse abkühlen lassen. Die Schlagsahne darunter heben. Nach Belieben mit halbierten kandierten Kir-schen garnieren.

Zutaten:
50 g Kastanien, geschält,
250 ml Milch,
130 g Zucker,
1 EL Vanillezucker,
125 ml Sahne,
4 frische Eigelbe,
5 Blatt Gelatine,
20 ml Rum,
250 ml Schlagsahne,
kandierte Kirschen
   halbiert, nach Belieben

Kastanienmousse mit Amaretti

Zutaten:

400 g Kastanienpüree, gesüßt,

20 ml Weinbrand oder Cognac,

2 frische Eiweiße,

50 g Zucker,

250 ml Schlagsahne,

6 Amaretti (Bittermandelmakronen), groß,

50 g Schokolade, dunkel, geraspelt

Das Kastanienpüree mit dem Weinbrand oder Cognac vermischen. Die Eiweiße mit dem Zucker zu Schnee schlagen und mit der Schlagsahne vermischen. Die Mischung unter das Kastanienpüree heben. Die Amaretti zerbröckeln und in eine Schüssel geben. Die Mousse über die Amaretti gießen, mit den Schokoladenraspeln bestreuen und bis zum Servieren kühl stellen.

Kastanienparfait

Zutaten:

500 g Kastanien, geschält, weich gekocht,

150 g Mascarpone (italienischer Frischkäse aus Sahne),

100 g Schokolade, dunkel, zerbröckelt,

80 g Zucker,

1 EL Vanillezucker,

3 EL Weinbrand,

3 EL Rum,

nach Belieben Schlagsahne zum Garnieren

Die gekochten Kastanien abtropfen lassen und pürieren. Den Mascarpone durch einen Durchschlag streichen und mit dem Kastanienpüree mischen. Die zerbröckelte Schokolade im Wasserbad schmelzen und mit dem Zucker, dem Vanillezucker, dem Weinbrand und dem Rum verrühren. Eine Cakesform mit befeuchteter Klarsichtfolie auslegen. Die Kastanienmasse einfüllen. Die Oberfläche glatt streichen. Die Form zudecken und 2 Std. tiefkühlen. Das Parfait vor dem Servieren stürzen, die Folie entfernen. Das Parfait in Scheiben schneiden. Nach Belieben die einzelnen Portionen mit Schlagsahne garnieren.

Kastanienmousse mit Sanddornsauce

Die Milch mit dem Zucker [1] und der Vanillestange aufkochen. Die geschälten Kastanien beigeben und 10 Min. auf kleinem Feuer kochen lassen. Die gekochten Kastanien herausheben und auf Haushaltpapier trocknen lassen. Die Vanillestange entfernen. Das Kastanienpüree zu der Milch geben, 5 Min. auf kleinem Feuer kochen lassen, die Masse in eine Schüssel geben und abkühlen lassen, dabei gelegentlich rühren. Den Rum unter das kalte Püree mischen. Die Schlagsahne unter die Masse heben. Die Kastanienmousse kühl stellen. Den Zucker karamellisieren und mit 4 EL Wasser ablöschen. Den Karamell 2 Min. kochen lassen. Die abgetropften Kastanien in dem Karamell wenden und auf einem Gitter abtropfen lassen. Das Sanddornmark durch einen feinen Durchschlag streichen und mit dem Zitronensaft und dem Malaga vermischen. Die Sanddornsauce auf 4 Teller gießen. Die Kastanienmousse mit einem Löffel in eiförmigen Klößchen abstechen und auf den Saucenspiegel setzen. Mit je drei Karamellkastanien und Schlagsahne garnieren.

Zutaten:
12 Kastanien, geschält,
100 ml Milch,
30 g Zucker [1],
1 Vanilleschote,
300 g Kastanienpüree,
2 EL Rum,
300 ml Schlagsahne,
100 g Zucker [2],
200 g Sanddornmark,
2 EL Zitronensaft,
4 EL Malaga,
Schlagsahne

Kastanientöpfchen

Die geschälten Kastanien mit der halben Vanilleschote und dem Zucker in der Milch weich kochen. Die Kastanien aus der Flüssigkeit heben, abtropfen lassen und pürieren. Pro 100 g Püree 100 ml Sahne beifügen. Kastanienpüree und Sahne vermengen. Die Masse in Töpfchen füllen und abkühlen lassen. Auf jedes Töpfchen einen TL Erdbeermarmelade geben, einen TL Schlagsahne darauf setzen und mit gehackten Pistazien bestreuen.

Zutaten:
500 g Kastanien, geschält,
$\frac{1}{2}$ Vanilleschote, ausgekratzt,
150 g Zucker,
250 ml Milch,
Sahne,
Erdbeermarmelade,
Schlagsahne,
50 g Pistazien, grob gehackt

La castegna la gh' à la cua,

Die Kastanie hat ein Schwänzchen fein,

chi la cata l'è sua!

heb sie auf und sie ist dein!

(Tessiner Dialekt)

Die Edelkastanien sind an ihrer konischen Spitze mit
einem „Schwänzchen" versehen, an welchem man sie aus der Igelhülle ziehen kann.

Par San Michee

Wenn wir den Michaelstag begrüßen

la crucha l'è sot ai pee!

liegen die Igel uns unter den Füssen!

(Tessiner Dialekt)

Am 29. September, dem Tag des heiligen St. Michael,
fallen in der Regel die ersten frühreifen Kastanien von den Bäumen.

Fruchtsalat »Rociera«

Die Apfelsinenspalten über einer Glasschüssel aus den Trennhäuten schneiden (filetieren) und in die Schüssel legen. Die geschälten Birnen in feine Scheiben schneiden und beifügen. Die geschälten Bananen und die gewaschenen Erdbeeren schräg in Scheibchen schneiden und in die Schüssel geben. Die halbierten Dörrzwetschgen und die halbierten Marrons glacés beifügen. Die Früchte mit dem Sherry und dem Weinbrand übergießen und sorgfältig mischen. Den Fruchtsalat einige Stunden kalt stellen. Die Schüssel in eine größere Glasform stellen und den Zwischenraum mit zerstoßenem Eis füllen. Nach Belieben Minzenlikör oder Minzensirup auf das Eis träufeln, um es grün zu färben.

Für die Zubereitung sind ebenfalls die Produkte der Firma Sandro Vanini SA, CH-6987 Caslano, sehr gut geeignet.

Zutaten:
4 Apfelsinen, geschält, die
    weiße Haut ebenfalls
    entfernt,
2 Birnen, geschält, das Kern-
    gehäuse entfernt,
2 Bananen, geschält,
8 Erdbeeren, gewaschen, die
    Blättchen entfernt,
8 Dörrzwetschgen, einge-
    weicht, abgetropft, ent-
    steint, halbiert,
12 Marrons glacés,
    (s. Rezept S. 81)
    halbiert,
1 Glas Sherry, süß,
2 EL Weinbrand,
gestoßenes Eis,
2 EL Minzenlikör *oder*
    Minzensirup, grün,
    nach Belieben

Süßer Kastaniensalat

Die geschälten Kastanien bißfest kochen und vierteln. Die geschälten Birnen vierteln und die Viertel in Scheiben schneiden. Die Feigen in Stückchen schneiden. Den Apfelsinensaft mit den Gewürzen verrühren. Die Sauce zu dem Obst geben, mischen und 30 Min. ziehen lassen.

Zutaten:
200 g Kastanien, geschält,
2 Birnen, geschält, Kern-
    gehäuse entfernt,
6 Feigen, gedörrt,
1 Apfelsine, groß, Saft,
Zimt,
Ingwerpulver,
Kardamom,
Nelkenpulver

Kakis mit Kastanienfüllung

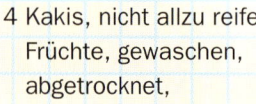

Zutaten:

4 Kakis, nicht allzu reife
   Früchte, gewaschen,
   abgetrocknet,
100 g Kastanien, weich
   gekocht, abgetropft,
1 TL Zucker,
1 TL Kakaopulver,
Muskatnuss

Die Kakis mit einem scharfen Messer halbieren. Das Fruchtfleisch herausheben. Die abgetropften Kastanien mit dem Zucker, dem Kakaopulver und dem Kakifleisch pürieren. Mit einer Prise Muskatnuss würzen. Die Kakis mit dem Püree füllen Die gefüllten Früchte 30 Min. kühl stellen.

Tipp: Es können Sharon- Früchte anstelle der Kakis verwendet werden.

Kastaniencharlotte

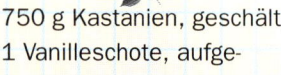

Zutaten:

750 g Kastanien, geschält,
1 Vanilleschote, aufge-
   schlitzt,
500 ml Milch,
50 g Zucker,
2 EL Kirschwasser,
10 Gelatineblätter,
100 g kandierte Früchte [1],
   gemischt, grob gehackt,
250 ml Schlagsahne [1],
1 Packung Löffelbiskuits
   (min. 20 Stück),
50 g kandierte Früchte [2]
100 ml Schlagsahne [2]
   zum Garnieren

Die geschälten Kastanien und die Vanilleschote in der Milch 30 Min. kochen. Die Vanilleschote aus dem Sud nehmen. Die Masse durch einen Durchschlag streichen. Den Zucker in 2 EL Wasser 5 Min. kochen lassen. Das Kirschwasser beigeben. Den Kirschsirup zu der Kastanienmasse rühren. Die Gelatineblätter 5 Min. in kaltem Wasser einweichen, ausdrücken und in 4 EL heißem Wasser auflösen. Unter Rühren etwas abkühlen lassen. Die Gelatine und die gehackten kandierten Früchte [1] mit der Kastanienmasse mischen. Die Schlagsahne [1] unter die Masse heben. Eine runde Schüssel mit Pergamentpapier auslegen und Boden und Rand mit Löffelbiskuits auskleiden. Die Kastanienmasse einfüllen, glatt streichen und 3 Std. kalt stellen. Die Charlotte auf eine Platte stürzen, mit der Schlagsahne [2] und den kandierten Früchten [2] garnieren.

Kastaniencharlotte, andere Art

Das Kastanienpüree mit dem Vanillezucker und dem Rum vermischen. Die Eigelbe mit dem Puderzucker schaumig schlagen. Die Eigelbmasse mit der weichen Butter verrühren. Das Kastanienpüree portionenweise dazu geben. Den Boden und die Seiten einer Pudding-form mit Löffelbiskuits auskleiden. Die Kastaniencreme einfüllen und mit einer Schicht Löffelbiskuits bedecken. Die Form 4 Stunden kühl stellen. Vor dem Servieren stürzen.

Zutaten:
700 g Kastanienpüree, gesüßt,
1 Päckchen Vanillezucker,
20 ml Rum,
4 sehr frische Eigelbe
50 g Puderzucker,
200 g Butter, weich,
30 Löffelbiskuits

Tipp:
Mit Vanillesauce servieren!

Kastanienkroketten (Pogatscherl)

Die Milch erwärmen. Je nach gewünschter Süße 20 bis 100 g Zucker hinein rühren. Die geschälten Kastanien in der gezuckerten Milch weich kochen. Die gekochten Kastanien aus dem Sud heben, abtropfen lassen und durch einen Durchschlag streichen. Das Püree warm stellen und trocknen lassen. Das getrocknete Kastanien-püree mit den Eigelben und der Butter vermischen. Aus der Masse kleine Kroketten formen. Die Kroketten im verquirlten Ei und in den Brotbröseln wenden und im heißen Öl oder Fett braten.

Zutaten:
500 ml Milch,
Zucker nach Belieben,
1 kg Kastanien, geschält,
4 frische Eigelbe,
50 g Butter, weich,
1 frisches Ei, verquirlt,
geriebenes altbackenes Brot oder Semmelbrösel,
Öl oder Fett zum Braten

Tipp: In Ungarn wird eine kalte Vanillesauce dazu serviert.

Kastaniencake
»Holländischer Ziegelstein«

Zutaten:

150 g Margarine [1], weich,
75 g Zucker,
1 sehr frisches Eigelb
200 g Schokolade,
    edelbitter, geschmolzen,
500 g Kastanienpüree,
    gesüßt,
50 g Margarine [2], flüssig,
3 EL Kirschwasser,
200–300 g Biskuits
    „Petit beurre"

Die Margarine[1] mit dem Zucker und dem Eigelb zu einer hellen Masse rühren. Die geschmolzene Schokolade dazu rühren. Es soll eine streichfähige Masse entstehen, bei Bedarf 2 EL Wasser beigeben.

Das Kastanienpüree mit der flüssigen, abgekühlten Margarine[2] und dem Kirsch verrühren.

Eine Cakesform von 30 cm Länge mit angefeuchteter Klarsichtfolie auslegen. Schokoladenmasse in einer Schicht von 1 cm in die Form geben. Die Schokoladenschicht mit Biskuits belegen, dabei die Biskuits leicht in die Masse drücken. Die vorbereitete Form 15 Min in das Tiefkühlgerät stellen. Danach abwechslungsweise Kastanienmasse, Schokoladenmasse und Biskuits einfüllen. Etwas Schokoladenmasse übrig lassen und bei Raumtemperatur aufbewahren. Den fertiggestellten „Ziegelstein" über Nacht kühl stellen. Vor dem Servieren stürzen, die Folie entfernen und den Cake ringsum mit der aufbewahrten Schokoladenmasse bestreichen.

Tipp: Den Cake mit einem heißen Messer schneiden.

Vermicelles

Die geschälten Kastanien in Salzwasser sehr weich kochen. Die gekochten Kastanien abtropfen lassen. Die Vanilleschote aufschlitzen und das Mark heraus kratzen. Die Schote und das Mark in der Milch aufkochen, vom Feuer ziehen und 15 Min. stehen lassen. Die Vanilleschote entfernen, den Zucker beifügen, die Milch nochmals aufkochen und die gekochten Kastanien dazu geben. Die Mischung auf kleinem Feuer 5 Min. kochen lassen, pürieren und auskühlen lassen. Nach Belieben den Kirsch dazu rühren. Das Kastanienpüree kühl stellen. Vor dem Servieren das Püree durch die Hackmaschine, die Passiermaschine oder eine spezielle Kastanienpresse treiben. Je eine Portion Vermicelles als „Hügel" auf einen Teller geben. Je eine Meringeschalen links und rechts dazu stellen. Mit dem Spritzbeutel Schlagsahne auf die Vermicelles geben. Mit Herzkirschen garnieren.

Zutaten:
1 kg Kastanien, geschält,
1 Vanilleschote,
200 ml Milch,
100 g Zucker,
2 EL Kirsch nach Belieben,
pro Portion 2 Meringeschalen,
Schlagsahne,
Herzkirschen

Crêpes mit Kastanien- und Apfelpüree

Die Eier mit dem durchgesiebten Mehl, dem Zucker und der Milch cremig schlagen. Den Teig 30 Min. quellen lassen. Die Crêpes- oder Bratpfanne erhitzen. Ein Stück Küchenpapier mit Öl tränken und die heiße Pfanne damit einreiben. Wenig Teig in die Pfanne geben und mit einem Spachtel dünn verteilen (bei Verwendung eines Crêpes-Pfännchens den überschüssigen Teig durch Senkrechthalten des Pfännchens ablaufen lassen). Die Crêpes kurz backen, mit einem Spachtel wenden und nochmals backen. Die gebackenen Crêpes mit Apfelpüree und Kastanienkonfitüre/Kastanienkonserve bestreichen, zweimal falten und heiß servieren.

Zutaten:
2 frische Eier,
150 g Mehl,
1 TL Zucker,
250 ml Milch,
4 EL Kastanienkonfitüre
   oder Kastanienkonserve
   nach Wahl (Rezepte S. 88),
4 EL Apfelpüree,
Öl zum Braten der Crêpes

Kastanien-Knödel

Zutaten:

200 g Mehl,
3 g Bierhefe, frisch,
1 TL Zucker [1],
Salz,
70 ml Milch, lauwarm,
1 TL Trockenhefe,
400 g Kastanien, geschält,
150 g Zucker [2]

Das durchgesiebte Mehl in eine Schüssel geben. In der Mitte eine Mulde formen. Die Bierhefe mit dem Zucker[1], einer Prise Salz und 1 EL lauwarmem Wasser verrühren und in die Mulde geben. Den Vorteig zugedeckt an einem warmen Ort 15 Min. gehen lassen. Die lauwarme Milch und 2 EL warmes Wasser beifügen, die Masse zu einem Teig verarbeiten, zu einer Kugel formen und 1 Std. zugedeckt an einem warmen Ort gehen lassen. Die Trockenhefe einarbeiten. Den Teig nochmals gehen lassen.

Die geschälten Kastanien weich kochen, abgießen und mit dem Zucker[2] und einer Prise Salz auf kleinem Feuer zu einem trockenen Mus kochen. Die Masse abkühlen lassen. Den Teig in 8 gleiche Portionen teilen. Die einzelnen Portionen etwas flach drücken. Aus der Kastanienmasse 8 Kugeln formen und je eine Kugel auf ein Teigstück setzen. Den Teig um die Füllung zu einem runden Knödel formen. Einen Dampfeinsatz mit einem Tuch auslegen. Die Knödel auf das Tuch legen. 3 Tassen Wasser aufkochen. Den Dampfeinsatz in den Topf stellen. Ein Tuch über den Topf legen und den Deckel auflegen. Die Knödel auf großem Feuer 8 Min. dämpfen.

Kastanienkranz

Zutaten:

750 g Kastanien, geschält,
Zucker,
1 EL Butter, weich,
250 g Rohzucker aus
    Zuckerrohr,
5 EL Mandeln, gerieben,
500 ml Schlagsahne,
Apfelsinenspalten, gehäutet

Die geschälten Kastanien in Zuckerwasser weich kochen. Die gekochten Kastanien abtropfen lassen und pürieren. Die Butter schaumig rühren. Das Kastanienpüree mit dem Rohzucker, den geriebenen Mandeln und der schaumig gerührten Butter vermengen. Das Püree durch die Hackmaschine, die Passiermaschine oder eine spezielle Kastanienpresse direkt auf eine Servierplatte treiben, dabei die Platte drehen, so dass ein Kranz entsteht. Die Schlagsahne in der Mitte des Kranzes bergartig anhäufen. Mit Apfelsinenspalten garnieren.

Ravioli mit süßer Kastanienfüllung

In einer großen Schüssel das Mehl mit dem Salz und der Trockenhefe mischen. In der Mitte eine Vertiefung formen. Die verquirlten Eier und die abgekühlte Butter in die Vertiefung geben und mit dem Mehl vermischen. Die Masse zu einem Teig kneten. Den Teig an einem warmen Ort 50 Min. aufgehen lassen. Für die Füllung das Kastanienpüree mit der Quittenkonfitüre, den gehackten Baumnüssen und dem Kakaopulver mischen. Den Teig 3 mm dick ausrollen und Rondelle von 5 cm Durchmesser ausstechen. Auf die Mitte jeder zweiten Rondelle etwas Füllung geben, den Teigrand mit Wasser bestreichen und mit je einer Rondelle decken, dabei die Ränder zusammendrücken. Die vorbereiteten Ravioli in leicht gesalzenem, kochendem Wasser ca. 4 Min. kochen, herausheben und auf Küchenpapier abtropfen lassen. Die Ravioli mit Zucker oder Puderzucker bestreuen und servieren.

Zutaten:
300 g Mehl,
1 Prise Salz,
5 g Trockenhefe,
2 frische Eier, verquirlt,
25 g Butter,
   geschmolzen, abgekühlt
250 g Kastanienpüree, gesüßt,
1 EL Quittenkonfitüre,
1 EL Baumnüsse, fein gehackt,
1 EL Kakaopulver, ungesüßt,
Zucker oder Puderzucker
   zum Bestreuen

Tipp: Die angegebenen Zutaten ergeben eine Nachspeise für 6–8 Personen. Die Ravioli lassen sich (vor dem Kochen) tiefkühlen.

Kastanienfladen

Kastanienholz

Das Holz der Kastanie ist auf natürliche Weise mit Tannin imprägniert. Es ist deshalb besonders dauerhaft, ohne mit chemischen Mitteln behandelt werden zu müssen. Früher wurden die berühmten Tessiner Holzpantoffeln, die „Zoccoli", aus Kastanienholz geschnitzt.

Viele Familien besitzen seit Generationen eine Truhe aus Kastanienholz, welche manchmal einfach ausgeführt, manchmal kunstvoll mit Schnitzereien verziert ist. Man nennt diese Truhenbänke „Cassapanca", wörtlich „Kistenbank". In ihnen wurde früher die Aussteuer aufbewahrt.

Kastanienholz findet heute vielfach Verwendung für Bauten im Freien wie Spielplatzgeräte, Brücken, Dachschindeln, Holzroste. Gute Holzqualität wird zudem nach wie vor zu Möbeln, Balkenwerken, Türen und Fenstern verarbeitet. Nicht zuletzt ist das Kastanienholz auch ein gutes Brennmaterial.

66

Kastanienfladen »Castagnaccio«

Das Kastanienmehl mit dem Zucker und einer Prise Salz vermischen und mit lauwarmem Wasser zu einem Teig von der Konsistenz eines cremigen Pfannkuchenteiges verrühren. Die Pinienkerne dazu rühren. Ein rundes Kuchenblech von 28 cm Durchmesser Backpapier belegen. Das Backpapier mit Olivenöl bepinseln. Den Teig darauf geben. Die Rosmarinzweige zerschneiden und sternförmig auf dem Teig anordnen. Im auf 240° vorgeheizten Ofen 20-25 Min. backen, bis der Fladen dunkelbraun wird und sich auf der Oberfläche Risse bilden.

Zutaten:
300 g Kastanienmehl,
½ Kaffeelöffel Zucker,
Salz,
ca. 500 ml Wasser, lauwarm,
50 g Pinienkerne,
2 Zweiglein Rosmarin, frisch,
Olivenöl für das Blech

Castagnaccio mit Äpfeln

Das Kastanienmehl mit einer Prise Salz und dem Wasser verrühren. Die Pinienkerne, die abgetropften Weinbeeren und die abgeriebene Zitronenschale beifügen. Eine flache, runde Kuchenform von 28 cm Durchmesser mit Öl bepinseln und mit Semmelbröseln bestreuen. Die Masse in die vorbereitete Form füllen. Den Castagnaccio im auf 240° vorgeheizten Ofen ca. 20 Min. backen. Den heißen Castagnaccio noch in der Form mit der Aprikosenmarmelade bestreichen. Die Äpfel schälen und in sehr dünne Scheiben schneiden. Den Fladen mit den Apfelscheiben belegen, mit der flüssigen Butter bepinseln und mit Rohzucker bestreuen. Den Castagnaccio unter dem Grill oder bei Oberhitze gratinieren.

Zutaten:
300 g Kastanienmehl,
Salz,
ca. 500 ml Wasser, lauwarm,
50 g Pinienkerne,
50 g Weinbeeren, gewaschen,
    abgetropft,
1 Zitrone, abgeriebene Schale,
Öl für die Form,
Semmelbrösel,
2 – 3 EL Aprikosenmarmelade,
3 Äpfel,
20 g Butter, flüssig,
Rohzucker aus Zuckerrohr

Castagnaccio mit Nüssen und Weinbeeren

Zutaten:

300 g Kastanienmehl,
ca. 500 ml Wasser, lauwarm,
3 EL Olivenöl [1a], nativ,
Salz nach Belieben,
3 EL Pinienkerne [1b],
4 EL Baumnüsse, gehackt,
3 EL Weinbeeren, in warmem Wasser eingeweicht, abgetropft,
2 EL Pinienkerne [2b],
2 Rosmarinzweiglein,
2 EL Olivenöl [2a],
Öl für die Form

Das Kastanienmehl mit dem Wasser verrühren. Das Olivenöl [1a], Salz nach Belieben, die Pinienkerne [1b], die gehackten Nüsse und die abgetropften Weinbeeren zu der Paste mischen. Eine flache, runde Kuchenform von 28 cm Durchmesser mit Öl bepinseln. Die Mischung in die Form geben. Die Pinienkerne [2b] und viele Rosmarinnadeln auf der Oberfläche verteilen. Das Olivenöl [2a] darüber träufeln. Den Fladen im auf 240° vorgeheizten Ofen 25–30 Min. backen.

> **Verwendung von Kastanienmehl**
> Tipp: Das Mehl vorher durchsieben. Die Flüssigkeit nach und nach beifügen. Mit einem Schwingbesen arbeiten, um die Bildung von Klumpen zu vermeiden.

Gefüllter Kastanienring

Zutaten:

3 frische Eier, Eigelbe und Eiweiße getrennt,
Salz,
75 g Zucker,
400 g Kastanienpüree, ungesüßt,
100 ml Sahne [1],
Butter für die Form,
400 ml Sahne [2],
4 TL Puderzucker,
50 g Schokolade, edelbitter,
1 EL Butter, weich,
1 EL Milch,
6 Marrons glacés, halbiert, nach Belieben

Die Eiweiße mit einer Prise Salz zu steifem Schnee schlagen. Den Eischnee mit dem Zucker zu einer glänzenden Masse rühren. Das Kastanienpüree mit den Eigelben und der Sahne [1] vermischen. Die Eiweißmasse unter die Kastanienmasse heben. Eine Kranzform mit Butter ausstreichen. Die Kastanienmasse einfüllen und im auf 180° vorgeheizten Ofen 15 Min. backen. Die Torte abkühlen lassen und 3 Stunden kühl stellen. Die Sahne [2] mit dem Puderzucker zu einer festen Masse schlagen. Die Schokolade mit der Butter und der Milch im Wasserbad schmelzen. Die Mischung unter Rühren abkühlen lassen. Den kühl gestellten Tortenring auf eine Platte stürzen. Die Mitte mit der Schlagsahne füllen. Den Kranz mit der Schokolade begießen und nach Belieben mit Marrons glacés garnieren.

Kastanienkuchen

Die Butter mit dem Rohzucker und dem Vanillezucker zu einer hellen Masse rühren. Das Kastanienpüree und die Eigelbe portionenweise zu der Buttermasse rühren. Die Eiweiße mit einer Prise Salz zu steifem Schnee schlagen. Das Mehl mit den geriebenen Mandeln und dem Backpulver vermischen. Den Eischnee und die Mehlmischung lagenweise auf die Kastanienmasse geben und mit einem Gummispachtel darunter heben. Die Masse in eine mit Butter ausgestrichene runde Springform geben und im auf 180° vorgeheizten Ofen 50–60 Min. backen. Den ausgekühlten Kastanienkuchen mit Puderzucker bestäuben.

Zutaten:
100 g Butter, weich,
100 g Rohzucker aus
  Zuckerrohr,
1 EL Vanillezucker,
200 g Kastanienpüree,
  gesüßt,
5 frische Eier, Eigelbe und
  Eiweiße getrennt,
Salz,
75 g Mehl,
75 g Mandeln, gemahlen,
2 TL Backpulver,
Butter für die Form,
Puderzucker

Tipp: Den Kuchen mit Schokoladenkastanien, halbierten Marzipankastanien oder in Stücke geschnittenen Marrons glacés garnieren.

Kastanien-Gugelhupf

Die weiche Butter mit dem Zucker und einer Prise Salz verrühren. Ein Ei nach dem anderen zu der Buttermasse rühren. Das Mehl mit dem Backpulver vermischen und abwechslungsweise mit der Milch zu der Masse rühren. Die Gugelhupfform mit Butter oder Margarine ausstreichen und mit Mehl bestäuben. Die Hälfte der Teigmasse in die vorbereitete Form füllen. Die Sahne und das Kirschwasser mit dem Kastanienpüree mischen. Die Kastanienmasse auf die Teigmasse geben und mit einer Gabel spiralförmig unterheben. Die restliche Teigmasse in die Form geben. Den Gugelhupf im auf 180° vorgeheizten Ofen ca. 1 Std. backen. Den abgekühlten Gugelhupf mit Puderzucker bestäuben.

Zutaten:
150 g Butter oder
  Margarine, weich,
175 g Zucker, Salz,
3 frische Eier,
300 g Mehl,
2 TL Backpulver,
100 ml Milch,
400 g Kastanienpüree,
  gesüßt,
4 EL Sahne,
2 EL Kirschwasser,
Butter oder Margarine
und Mehl für die Form,
Puderzucker

Kastanienroulade

Zutaten:

5 frische Eier,
150 g Zucker,
125 g Mehl,
½ Zitrone, abgeriebene
   Schale
400 g Kastanienpüree,
   ungesüßt,
250 g Mascarpone
   (italienischer Frischkäse
   aus Sahne),
100 g Puderzucker,
15 g Vanillezucker,
6 Amaretti (Bittermandel-
   makronen), groß,
   zerbröselt *(ersatzweise
   Makronen, zerbröselt, mit
   einem Tropfen Bitterman-
   delöl aromatisiert)*,
50 ml Sahne,
100 ml Rum,
Schokoladenstreusel
Zucker und Puderzucker zum
   Bestreuen

Für das Biskuit die Eier mit dem Zucker über dem Wasserbad schaumig schlagen, bis sich das Volumen verdoppelt hat. Den Eierschaum vom Wasserbad nehmen und zu einer dicken Creme schlagen. Das Mehl portionenweise dazugeben und die abgeriebene Zitronenschale beifügen. Ein rechteckiges Backblech mit einem Backpapier auslegen. Die Biskuitmasse auf das Papier geben und mit einem Spachtel glatt streichen. Das Biskuit im auf 200° vorgeheizten Ofen 10 Min. backen. Ein zweites Backpapier mit Zucker bestreuen. Das gebackene Biskuit darauf stürzen. Das nun oben liegende Backpapier mit einem mit kaltem Wasser getränkten Lappen abwischen. Das Papier entfernen. Das Biskuit aufrollen und erkalten lassen.

Den Mascarpone mit dem Kastanienpüree vermengen. Den Staubzucker, den Vanillezucker, die zerbröselten Amaretti oder Makronen, die Sahne und den Rum dazu geben und vermischen. Die Kastaniencreme auf das abgekühlte, ausgelegte Biskuit geben und mit Schokoladestreuseln bestreuen. Das bestrichene Biskuit zu einer Roulade formen. Die Kastanienroulade mit Staubzucker bestäuben und kühl stellen.

Kastanie mit »Schwänzchen«

Schokoladen-Roulade mit Kastanienfüllung

Die gehackte Schokolade im Kaffee auf kleinem Feuer schmelzen und glatt rühren. Die Eigelbe und den Zucker[1] zu einer hellen, dickflüssigen Masse schlagen. Die Masse mit der etwas abgekühlten Schokolade mischen. Die Eiweiße schaumig schlagen. Den Zucker[2] in kleinen Portionen dazu schlagen. Den Vanilleextrakt unter die nun sehr steife Eischneemasse heben. Zwei EL des Eischnees zu der Schokoladenmischung rühren. Die so aufgelockerte Schokoladenmischung unter den restlichen Eischnee heben. Eine flache Backform von ca. 38 x 26 cm Größe mit Backpapier auslegen. Das Backpapier mit Butter bestreichen. Die Masse in die vorbereitete Backform geben und glatt streichen. Das Biskuit im auf 180° vorgeheizten Ofen ca.15 Min. backen. Ein sauberes Geschirrtuch mit Kakaopulver bestäuben. Das gebackene Biskuit auf das Tuch stürzen. Das Backpapier entfernen, den Kuchen mit dem Geschirrtuch zu einer Biskuitrolle aufrollen und auf dem Kuchengitter abkühlen lassen Die Sahne mit dem Kaffeelikör schaumig schlagen. 2 EL Sahne zu dem Kastanienpüree rühren. Das so gelockerte Püree unter die restliche Sahne heben. Den Kuchen entrollen und die Kastanienfüllung darauf verteilen, dabei einen Rand von 2 cm frei lassen. Den Kuchen zu einer Roulade rollen. Die Roulade mit bestäuben, auf eine Servierplatte gleiten lassen und kühl stellen.

Zutaten:
175 g Schokolade, edelbitter, gehackt,
60 ml kräftiger Kaffee,
6 frische Eier, Eigelbe und Eiweiße getrennt,
40 g Zucker [1],
35 g Zucker [2],
1 TL Vanilleextrakt,
Kakaopulver,
450 ml Sahne,
2 EL Kaffeelikör,
450 g Kastanienpüree, gesüßt,
Butter für die Form,
Puderzucker

Zutaten:

500 g Kastanien, geschält,
6 frische Eier, Eigelbe und
   Eiweiße getrennt,
250 g Zucker,
75 g Mandeln, gerieben,
1 Zitrone,
abgeriebene Schale,
½ TL Zimt,
Salz
500 ml Sahne,
1 EL Vanillezucker,
200 g Puderzucker,
1 EL Kakaopulver,
2 EL Rum,
2 EL Wasser
Butter für die Form

Kastanientorte, gefüllt

Die geschälten Kastanien in Wasser 30 Min. weich kochen. Die gekochten Kastanien pürieren. Die Eigelbe mit dem Zucker schaumig rühren und mit dem Kastanienpüree, den geriebenen Mandeln, der abgeriebenen Zitronenschale und dem Zimt vermischen. Die Eiweiße mit eine Prise Salz zu steifem Schnee schlagen und unter die Kastanienmasse heben. Eine Springform von 24 cm mit Butter ausstreichen, mit Backpapier auslegen und das Backpapier ebenfalls mit Butter bestreichen. Die Masse in die Form füllen. Die Torte im auf 180° vorgeheizten Ofen auf der untersten Schiene 60 Min. backen. Die Torte etwas auskühlen lassen, aus der Springform nehmen, auf ein Kuchengitter stellen und mit einem Tuch bedeckt über Nacht kühl stellen.

Die Torte mit einem scharfen Messer oder mit einem Stück Bindfaden waagrecht halbieren. Die Sahne mit dem Vanillezucker steif schlagen. Die untere Tortenhälfte mit der Sahne bestreichen und mit der oberen Hälfte decken. Die vorbereitete Torte 10 Min. kühl stellen. Den Puderzucker mit dem Kakaopulver mischen. Die Mischung mit dem Rum und dem Wasser verrühren. Die Oberfläche und den Rand der gekühlten Torte mit der Glasur bestreichen.

Kastanientorte mit Glasur

Die weiche Butter mit den Eigelben, dem Zucker[1] und dem Vanillezucker schaumig rühren. Das Kastanienpüree und den Grappa[1] beifügen. Den Zucker[2] löffelweise dazu rühren. Das Backpulver dazu geben. Die geriebenen Mandeln mit dem Maizena vermischen. Die Eiweiße schaumig schlagen und abwechslungsweise mit der Mandelmischung unter die Kastanienmasse heben. Die glasierten Kastanien in Stücke schneiden und mit den Mandelsplittern und der Schlagsahne mischen. Die Schlagsahnemischung unter die Kastanienmasse heben. Eine Springform von 24 cm Durchmesser mit Backpapier auslegen. Den Teig in die ausgekleidete Form geben und im auf 180° vorgeheizten Ofen 60 Min. backen. Mit einem Holzspießchen prüfen, ob die Torte gar ist – es soll kein Teig am Spießchen kleben bleiben. Die Torte auskühlen lassen.

Den durchgesiebten Puderzucker mit dem Grappa[2] und bei Bedarf einigen Tropfen Wasser zu einer Glasur rühren. Die Torte mit der Glasur überziehen.

Zutaten:
100 g Butter, weich,
4 frische Eier, Eigelbe und Eiweiße getrennt,
100 g Zucker[1],
1 EL Vanillezucker,
400 g Kastanienpüree, ungesüßt,
1 EL Grappa[1] (Branntwein),
2 EL Zucker[2],
1 TL Backpulver,
200 g Mandeln, gemahlen,
2 EL Maizena,
200 ml Schlagsahne,
100 g süße, glasierte Kastanien *(siehe Rezept S.79)*
50 g Mandelsplitter
150 g Puderzucker,
2–3 EL Grappa[2]

Tipp: Besonders gut schmeckt die Torte nach zwei Tagen. Sie hält sich eine Woche frisch.

Der Dörrofen, die Grà von Cabbio

Die Grà/Graa
(ital. Metato)

Der Dörrofen

Die Grà/Graa *(Dialektwort aus dem oberen resp. unteren Teil des Kantons Tessin)* ist eine unterkellerte, zweistöckige Hütte aus Stein. Im Kellerteil werden Holz und Kastanien gelagert. Im unteren Teil wird das Feuer unterhalten. Darüber liegt das original aus Kastanien- und Haselruten geflochtene Gitter, die „grata".

Kastanienbällchen

Rezept von Albina Cereghetti, Besitzerin der Graa von Cabbio im Valle Muggio. Es ist bewußt ohne Mengenangabe geschrieben: Albina sagt, man müsse die Kastanienbällchen mit Gefühl und Liebe herstellen...

Die Schokolade im Wasserbad schmelzen lassen und mit dem Püree vermengen. Das Kakaopulver und den Rum beifügen. Es soll eine feste Masse entstehen. Mit einem Teelöffel Portionen abstechen und mit kühlen Händen rasch zu Kugeln formen. Die Kugeln in den Schokoladenstreuseln wenden, einige Stunden kühl stellen und in kleine Papierförmchen legen. Die Kugeln im Kühlschrank aufbewahren.

Zutaten:
Getrocknete Kastanien
(Dörrkastanien), über
Nacht eingeweicht,
gesäubert, abgetropft,
in Wasser weich gekocht
und püriert,
Edelbitter-Schokolade,
dunkles Kakaopulver,
Rum,
Schokoladenstreusel

Kastanienbouchées

Dieses einfache Rezept wurde in der Familie meines Mannes mündlich von der Mutter an die Tochter weitergegeben, bis meine Schwiegermutter es aufzeichnete.

Die geschälten Kastanien in wenig Wasser weich kochen, abtropfen lassen und pürieren. Das Kastanienpüree wägen. Mit der gleichen Menge Zucker unter Rühren mit einem Holzlöffel 20 Min. zu einer dicken Paste kochen. Die Paste über Nacht ruhen lassen.
Mit einem Teelöffel kleine Portionen entnehmen und auf Puderzucker zu Kugeln oder länglichen Formen rollen. Die Bouchées in kleine Papierförmchen legen.

Zutaten:
1 kg Kastanien, geschält,
Zucker,
Puderzucker

Das Gitter, die „Grata" (von unten gesehen)

Die geernteten Kastanien, 24 große Tragkörbe voll, werden auf diesem Gitter über Glut mit wenig Rauchentwicklung 23–24 Tage langsam getrocknet. Man sagt, dass die Kastanien beim Berühren „singen", wenn sie trocken sind. Danach werden die Früchte in schmale, lange Säcke gefüllt. Mit sehr viel Kraftaufwand werden diese Sacke nun auf einen Holzstrunk, „la scepa", geschlagen, eine Tätigkeit, welche Ähnlichkeit mit dem früheren Dreschen mit dem Dreschflegel aufweist.

Kastanienboote

Die Butter (1a) und den Zucker (1b) schaumig rühren. Das Mehl (1c), das Ei (1d) und eine Prise Salz dazu mischen. Die Masse zu einer Kugel formen und auf der Arbeitsfläche zu einem gleichmäßigen Teig kneten. Den Teig in vier Portionen teilen. Die Stücke übereinander legen und platt drücken. Den Vorgang dreimal wiederholen. Den Teig 60 Min. ruhen lassen. 18 Blechförmchen mit Butter (2a) ausstreichen. Den Teig 5 mm dick ausrollen und die Förmchen damit auskleiden.

Die weiche Butter (3a) mit den geriebenen Mandeln, dem Zucker (2b), dem Angostura, dem Ei (2d), dem Mehl (2c) und dem Rum vermischen. Die Masse in die ausgekleideten Förmchen verteilen. Die gefüllten Förmchen im auf 200° vorgewärmten Ofen 15 Min. backen. Die Temperatur auf 160° reduzieren. Die Boote weitere 12 Min. backen, auskühlen lassen.

Das Kastanienpüree in die abgekühlten Boote füllen und mit einer breiten Messerklinge formen. Die Boote kühl stellen.

Die zerbröckelte Schokolade mit dem Puderzucker und 4–6 EL Wasser im Wasserbad verrühren. Die Butter (4a) dazu rühren. Die gefüllten Boote mit der Glasur überziehen und bis zum Servieren kühl stellen. Nach Belieben auf jedes Boot ein Fähnchen stecken.

Zutaten:
125 g Butter (1a),
100 g Zucker (1b),
50 g Mehl (1c),
1 frisches Ei (1d),
Salz,
Butter (2a) für die Formen
65 g Butter (3a), weich,
65 g Mandeln, geschält, gerieben,
65 g Zucker (2b),
3 Spritzer Angostura,
1 frisches Ei (2d),
1 EL Mehl (2c), 1 EL Rum,
250 g konserviertes Kastanienpüree *(s. Rezept „Kastanienkonserve" S. 88)*
200 g Schokolade, dunkel, zerbröckelt,
140g Puderzucker,
30 g Butter (4a), weich,
kleine Fähnchen nach Belieben

Tipp: Wenn keine Blechförmchen in Bootsform vorhanden sind, können natürlich beliebige andere Formen verwendet werden!

Kellerteil der Graa

Haben sich nach etwa acht Schlägen Schalen und Häutchen von den Kastanien gelöst, werden in großen, speziell geformten Körben mit Handgriffen („ul vall", Getreideschwinge) Schalen und Früchte getrennt. Es braucht große Geschicklichkeit zur Handhabung dieser Körbe. Die so bearbeiteten Kastanien werden als Dörrkastanien verwendet oder zu Kastanienmehl gemahlen.

Süße glasierte Kastanien

Die Butter in einem Topf schmelzen. Die geschälten Kastanien beifügen, mit einem Holzlöffel mit der Butter vermischen und mit dem Zucker bestreuen. Die Kastanien mit dem Holzlöffel in der Buttermischung wälzen, bis sie rundum mit überzogen sind. Den Topf bedecken und die Kastanien auf kleinstem Feuer 15 Min. kochen lassen. Die karamellisierten, glänzenden Kastanien auf eine große Platte legen und mit Vanillezucker bestreuen. Die Kastanien auskühlen lassen. Die glasierten Kastanien mit Hilfe der Zuckerzange in kleine Papierförmchen legen. In einer Blechschachtel oder in einem verschlossenen Glas aufbewahren.

Zutaten:
500 g Kastanien, geschält,
30 g Butter,
50 g Zucker,
Vanillezucker

Glasierte Kastanien-plätzchen

Das Mehl[1] bergartig auf ein Backbrett geben. In der Mitte eine Mulde formen. Die verquirlten Eigelbe in die Mulde geben. Den Zucker, den Vanillezucker, eine Prise Salz und das Safranpulver darüber streuen. Das Kastanienpüree beifügen. Die Butterflöckchen auf dem Mehlrand verteilen. Die Masse mit einem großen Küchenmesser hacken, mischen und rasch zu einem Teig fügen. Den Teig zu einer Kugel formen und zugedeckt 60 Min. kalt stellen. Das Backbrett mit dem Mehl[2] bestäuben und den gekühlten Teig zu Rollen von 3 cm Durchmesser formen. Die Rollen in $1\frac{1}{2}$ cm dicke Scheiben schneiden. Ein Backblech mit Backpapier belegen und die Scheiben darauf geben. Im auf 200° vorgeheizten Ofen 20 Min. backen.
Für die Glasur die Eiweiße mit dem Schneebesen verrühren. Den Puderzucker und den Rum portionenweise dazu rühren. Die Hälfte der vorbereiteten Glasur in eine zweite Schüssel geben und das Kakaopulver dazu rühren. Die noch warmen Plätzchen je zur Hälfte mit weißer und mit brauner Glasur überziehen.

Zutaten:
250 g Kastanien, geschält,
  weichgekocht, püriert,
350 g Mehl[1],
3 frische Eigelbe, verquirlt,
200 g Zucker,
1 EL Vanillezucker,
Salz,
$\frac{1}{2}$ TL Safranpulver,
200 g Butter, in Flöckchen
  geschnitten,
Mehl für das Backbrett[2],
2 frische Eiweiße,
250 g Puderzucker,
20 ml Rum,
2 EL Kakaopulver

Unterer Teil der Graa, Feuerstelle,
an der Wand „ul vall" (Die Schwinge) Korb,
aufbewahrt für die nächste Ernte.

Im Tessiner Dorf Cabbio ist eine solche Graa noch in Betrieb. Heute wie früher tut man sich zusammen, um die Kastanien zu dörren. Für drei Eimer frische Kastanien gibt es einen Eimer „castagn bianc", weiße, von Schalen und Häutchen befreite Kastanien.

Marrons glacés

Die geschälten Kastanien in leicht gesalzenem Wasser auf kleinem Feuer 20 Min. kochen. 24 Std. auf einem Tuch trocknen lassen.

Den Zucker in einem Topf in 2 EL Wasser auflösen. Die Masse mit einem Holzlöffel rühren, bis sie goldgelb ist. 100 ml warmes Wasser dazu gießen und unter Rühren kochen, bis der Sirup Blasen wirft. Den Topf vom Feuer ziehen und den Sirup abkühlen lassen. Die Kastanien eine neben der anderen in einen sehr weiten Topf geben. Den Sirup gleichmäßig über die Kastanien gießen. Den Topf zudecken und die Kastanien einen Tag im Sirup liegen lassen.

Die Kastanien wieder aufwärmen und aus dem Topf nehmen, sobald der Sirup ganz flüssig ist. Die Kastanien auf einen Rost legen. Den abtropfenden Sirup in einem Teller auffangen, zum Sirup im Topf geben und 2 Min. kochen lassen. Den Topf vom Feuer ziehen und die Kastanien erneut dazu geben. 24 Std. im gedeckten Topf ruhen lassen. Den Vorgang wiederholen.

Am fünften Tag die kandierten Kastanien auf den Rost legen und trocknen lassen.

Zutaten:
30 Kastanien, groß, geschält,
100 g Zucker,
Salz

Kastanienkugeln

Die geschälten Kastanien in wenig Wasser weich kochen, abtropfen lassen und pürieren. In flüssigen Akazienhonig [2] tauchen und auf einem Backpapier abtropfen lassen. Die abgetropften Kastanienkugeln in den gehackten Pinienkernen wälzen. Die Kugeln in kleine Papierförmchen legen.

Zutaten:
500 g Kastanien, geschält,
100 ml Akazienhonig [1],
1 EL Zimtpulver,
100 g Rohzucker aus
    Zuckerrohr,
50 ml Weinbrand,
Akazienhonig, flüssig [2],
200 g Pinienkerne, fein
    gehackt

Kastanienpralinen

Kastanienpralinen

Das Kastanienpüree mit den geriebenen Mandeln, dem Puderzucker [1], dem Weinbrand und dem Kakaopulver vermischen und zu einem festen Teig verarbeiten. Bei Bedarf noch Mandeln dazu geben. Aus der Masse einen Laib formen. Eine Folie mit Butter [1] bestreichen. Den Laib auf der Folie zu einer Rolle von 25 mm Durchmesser formen. Die Rolle in die Folie packen und 3 Std. kühl stellen. Die gekühlte Rolle in Scheiben von 20 mm schneiden. Die Scheiben zu Kugeln rollen und auf der einen Seite eine Spitze formen, so dass sie die Form kleiner Kastanien erhalten.

Die Schokolade und die Butter im heißen Wasserbad weich rühren. Mit dem Puderzucker [2] und 1–2 EL heißem Wasser zu einer dickflüssigen Glasur rühren. Die Spitzen der geformten kleinen Kastanien in die Glasur tauchen und die Pralinen in kleine Papierförmchen legen.

Zutaten:

500 g konserviertes Kastanienpüree
(s. Rezept „Kastanienkonserve" S. 88),
ca. 100 g Mandeln, geschält, gerieben,
100 g Puderzucker [1],
1 EL Weinbrand,
50 g Kakaopulver, ungesüßt,
Butter für die Folie [1],
100 g dunkle Schokolade,
15 g Butter [2], weich,
70 g Puderzucker [2]

Kastanienkrapfen

Das durchgesiebte Mehl mit der Trockenhefe vermischen. Den Zucker, die abgeriebene Zitronenschale und eine Prise Salz beifügen. In der Mitte eine Mulde formen. Die verquirlte Eimasse, den Wodka und die lauwarme flüssige Butter in die Mulde geben. Die Zutaten zu einem Teig vermengen, zu einem Laib formen und 10 Min. ruhen lassen. Den Teig 5 mm dick ausrollen. Mit einem kleinen Glas oder einer runden Ausstechform Rondelle ausstechen. Mit einem Teelöffel kleine Häufchen Kastanienpüree auf die eine Hälfte der Rondelle dicht neben die Mitte setzen. Die andere Teighälfte darüberklappen und den Rand festdrücken. Die Krapfen auf ein Backblech legen. Die glänzende Seite einer Alufolie mit Butter bestreichen. Die Folie (Butterseite nach unten) auf die Krapfen legen. Im auf 200° vorgeheizten Ofen ca. 20 Min. backen. Lauwarm servieren. Nach Belieben mit Puderzucker bestäuben.

Zutaten:

250 g Mehl,
7 g Trockenhefe,
75 g Zucker,
1 Zitrone, abgeriebene Schale,
Salz,
1 frisches Ei und 1 frisches Eigelb, verquirlt,
10 ml Wodka,
75 g Butter, flüssig, abgekühlt
250 g Kastanienpüree, gesüßt,
Butter für die Folie,
Puderzucker nach Belieben

Kastanienmehl

Hoch wie ein Haus,
klein wie eine Maus,
stachlig wie ein Igel,
glänzend wie ein Spiegel!

Marroni
(gebratene Kastanien)

Die Kastanien mit einem speziellen Kastanienmesser mit kurzer Klinge oder einem spitzen Messer auf der runden Seite übers Kreuz oder längs einschneiden. In der Kastanienpfanne über dem Feuer, im Marroniofen oder auf einem Backblech im heißen Ofen auf folgende Weise rösten:

✦ Über dem Kaminfeuer unter regelmäßigem Rütteln der Pfanne.
✦ Im Marroniofen unter gelegentlichem Wenden.
✦ Auf dem Backblech im heißen Ofen, am Ende der Bratzeit für 1–2 Min. mit einer dicken Lage angefeuchteter Zeitung bedeckt.

Je nach Röstart und nach Größe der Kastanien sind die Früchte nach 15-30 Min. gar.

Zutaten:
Pro Person rechnet man
200–250 g Kastanien

Tipp: Marroni mit weicher, gesalzener oder süßer Butter oder mit Schlagsahne servieren!

Rotweinkastanien

Rezept aus Oberitalien

Die Kastanien längs oder kreuzweise einschneiden und rösten (s. Rezept „Marroni", oben). Die gerösteten Kastanien schälen und in einen Suppentopf geben. Die Hälfte des Rotweins über die Kastanien träufeln. Ein sauberes Tuch mit dem restlichen Wein tränken. Die Kastanien mit dem Tuch bedecken. Die Kastanien eine Stunde ziehen lassen.

Zutaten:
1 kg Kastanien,
400 ml italienischer Rotwein
  (z.B. Barbera)

Zutaten:

Kastanien, gewaschen,
Zucker,
Vanilleschoten,
Zitronen,
abgeriebene Schale,
Lorbeerblätter,
Cognac

Cognac-Kastanien

Die gewaschenen Kastanien in leicht gesalzenem Wasser mit 2 Lorbeerblättern pro kg Früchte ca. 1 Std. kochen lassen 25 Min. im Dampfkochtopf). Die gekochten Kastanien portionenweise aus dem Wasser heben und sorgfältig schälen. Die geschälten Kastanien so dicht wie möglich in hermetisch verschließbare Gläser füllen.

Aus Zucker, Wasser und aufgeschlitzter Vanilleschote (300 g Zucker, $\frac{1}{2}$ Vanilleschote und 100 ml Wasser pro kg geschälte Kastanien) einen Sirup kochen. Den Sirup vom Feuer ziehen, die Vanilleschote entfernen und die abgeriebene Zitronenschale (1 Schale pro kg geschälte Kastanien) dazu geben. Den Sirup erkalten lassen. Cognac (500 ml pro kg geschälte Kastanien) in den kalten Sirup rühren. Die Flüssigkeit über die Kastanien gießen. Die Kastanien müssen vollständig bedeckt sein. Bei Bedarf noch etwas Cognac beifügen. Die Gläser hermetisch verschließen und an einem kühlen, dunklen Ort aufbewahren. Die Cognac-Kastanien vor dem Konsumieren mindestens zwei Monate stehen lassen.

Tipp: Die Kastanien lassen sich auf dieselbe Weise auch in Whisky, Rum, Kirsch oder einer anderen Spirituose einlegen.

»Betrunkene Kastanien«

Rezept aus der Toscana

Auch in der Toscana gibt es trübe Wintertage. Es ist die Zeit nach der Ernte, wenn der junge Wein in den Fässern gärt, wenn das grüne Olivenöl klar wird und die Kastanien in der Eisenpfanne über der Glut duften. Dann sitzen die Bauern und Rebbauern vor dem Kaminfeuer und plaudern, um Einsamkeit, Kälte, Wind und Schnee zu vergessen und das unfreiwillige Stubenhocken zu ertragen. Zu einem Glas Wein essen sie oft „bruciate ubriache", „betrunkene Kastanien".

Die Kastanien längs oder kreuzweise einschneiden und rösten (s. Rezept „Marroni" S. 83). Die gerösteten Kastanien schälen und in einen Schmortopf geben. Die Kastanien mit dem Grappa übergießen und 45 Min. ziehen lassen. Die Kastanien auf kleinem Feuer langsam erwärmen, mit dem Zucker bestreuen und flambieren.

Zutaten:
750 g Kastanien,
150 ml Grappa (Branntwein),
2 EL Zucker

Kastanien mit Sahne

Ein sehr altes Rezept aus dem Tessin

Die vorbereiteten Dörrkastanien in einen Topf geben und mit Wasser bedecken. Den Weißwein dazu gießen. Die Kastanien auf sehr kleinem Feuer weich kochen. Bei Bedarf 1 Tasse heißes Wasser nachfüllen. Wenn die Kastanien fast alle Flüssigkeit aufgenommen haben, ist der Boden des Kochtopfes mit einer rosafarbenen, aromatischen Flüssigkeit bedeckt. Die Kastanien portionenweise auf kleine Glasteller geben, mit etwas Sauce beträufeln und mit Sahne begießen.

Zutaten:
500 g Kastanien, getrocknet
(Dörrkastanien), über
Nacht eingeweicht, gesäubert, abgetropft,
200 ml Weißwein,
250 ml Sahne

Kastanienkonfitüre mit Cognac

Zutaten:

3 kg Kastanien, geschält,
2,5 kg Zucker,
2 Vanilleschoten, aufgeschlitzt,
1 EL Cognac
Salz,

Die geschälten Kastanien in leicht gesalzenem Wasser 30 Min. kochen. Die gekochten Kastanien abtropfen lassen und pürieren. Den Zucker mit den aufgeschlitzten Vanilleschoten erwärmen und mit etwas Wasser zu dickem Sirup kochen. Das Kastanienpüree dazu geben und 30 Min unter Rühren einkochen lassen. Den Cognac dazu rühren. Die Konfitüre in vorgewärmte Gläser einfüllen. Die Gläser verschließen und die Konfitüre kühl aufbewahren..

Tipp: Die Konfitüre ist nur beschränkt haltbar. Will man sie längere Zeit aufbewahren, empfiehlt es sich, sie zu sterilisieren.

Kastanienkonserve

Zutaten:

2 kg Kastanien, geschält,
1200 g Zucker,
1 Zitrone, Schale,
2 EL Vanillezucker,
20 ml Rum

Die geschälten Kastanien in ein Tuchsäcklein oder in eine Serviette geben. Säcklein/Serviette mit Bindfaden zubinden. 1 l kaltes Wasser in einen Topf gießen. Die Kastanien beifügen und auf sehr kleinem Feuer 10 Min. garen. Den Zucker und die Zitronenschale in 1 l Wasser auf kleinem Feuer 10 Min. zu Sirup kochen. Den Topf in kaltes Wasser stellen und den Sirup abkühlen lassen. Die Zitronenschale entfernen. Den Topf mit den Kastanien auf die selbe Weise abkühlen. Die Kastanien aus dem Säcklein/der Serviette nehmen und abtropfen lassen. Die abgetropften Kastanien durch einen Durchschlag in einen Topf streichen und das Püree mit dem Sirup und dem Vanillezucker mischen. Das Kastanienpüree unter Rühren mit einem Holzlöffel auf kleinem Feuer zu einer kompakten , jedoch nicht zu trockenen Masse kochen. Die Kastanienmasse etwas abkühlen lassen. Den Rum beifügen. Die Masse unter gelegentlichem Rühren ganz erkalten lassen und in Gläser füllen.

Kastanienkonserve mit Milch

Die geschälten Kastanien in einen Topf geben. Milch dazu gießen, bis die Kastanien bedeckt sind. Das Vanillearoma und eine Prise Salz beifügen. Die Kastanien 5 Min auf großem Feuer kochen lassen, danach auf kleinem Feuer garen, bis die Milch aufgesaugt ist. Die Kastanien abkühlen lassen und durch einen Durchschlag streichen. Den Zucker mit 1-2 EL Wasser unter Rühren karamellisieren. Den flüssigen Karamell mit dem Kastanienpüree vermengen. Die lauwarme Masse mit einem Löffel in vorbereitete Deckelgläser füllen. Die Gläser 24 Stunden offen an einen kühlen Ort stellen. Backpapier oder Pergamentpapier in der Größe der Deckel mit Obstbranntwein tränken, in die Deckel legen und die Gläser verschließen. Die Konserve kühl lagern und erst nach etwa 3 Monaten verbrauchen.

Zutaten:
1 kg Kastanien, geschält,
750 g Zucker,
1 TL Vanillearoma, flüssig,
Salz,
Milch, kalt,
Obstbranntwein

»Necci«
Kleine runde Fladen

Die Necci sind enge Verwandte des Kastanienfladens „Castagnaccio". Es handelt sich jedoch um ein typisches, einfaches und liebenswürdiges Rezept der Alp- und Bergregionen und verdient, besonders erwähnt zu werden.

Das Kastanienmehl mit leicht gesalzenem Wasser zu einer dickflüssigen Masse rühren. Waffeleisen auf dem Feuer erhitzen. Den Rosmarinzweig in das warme Schmalz tauchen und die Waffeleisen damit einfetten. Auf jedes Eisen einen Löffelvoll Kastanienmasse geben. Das Garen erfolgt so hauptsächlich durch das glühendheiße Metall. Die Necci mit frischem Quark füllen.
In unseren heutigen Küchen lassen sich die Necci wie folgt herstellen: Die Masse wie oben beschrieben herstellen. Anstelle des Schmalzes nach Belieben ein anderes Fett/Öl verwenden. Die Masse in einer flachen Bratpfanne, der Crêpespfanne oder auf einer Platte backen. Zum Servieren allenfalls in Stücke schneiden.

Zutaten:
600 g Kastanienmehl,
60 g Schmalz, erwärmt,
300 g Ricotta (Quark/
    Topfen/Molkenkäse),
1 Rosmarinzweig,
Salz

Rezeptverzeichnis

Vorspeisen

Kastaniensalat 11
Kastaniensalat »Nonna Giuseppina« 11

Äpfel mit Kastanien-Mousse 12
Kastaniensoufflé gesalzen 12

Kastanienragout 13
Kastaniennudeln 13

Feine Eiernudeln mit Kastanien 14
Kastanienplinsen mit Hering 14

Kastanien mit Pilzen und Trauben 15
Kastanien Périgord 15

Suppen

Einfache Kastaniensuppe 17
Kastaniensuppe nach dalmatischer Art 17

Dörrkastanien-Suppe 18
Kastaniensuppe pikant 18

Kastaniensuppe nach
portugiesischer Art 19
Kastanien-Kürbis-Suppe 19

Kastanien-Zwiebel-Suppe 20
Kastaniensuppe mit Sherry 20

Kastaniensuppe mit Steinpilzen 21
Kastanienbier-Suppe 21

Pürierte Kastaniensuppe 22

Beilagen

Pikante Kastanienmousse auf Kiwis 25
Glasierte Kastanien 25

Kastanienrotkraut 26
Rosenkohl mit Kastanien 26

Würzige Dörrkastanien 27
Kastanien mit Äpfeln 27

Kastanienpüree gesalzen 28
Kastanienpüree mit Sellerie 28

Kastanienreis-Kugeln 29
Bataten mit Kastanien 29

Kartoffeln mit Kastanienfüllung 31
Kastanienbrötchen 31

Hauptgerichte

Kastanien-Bohnen-Reis nach Pepa 34
Kastanien-Sauerkraut 34

Pfannkuchen mit Kastaniengemüse 35
Rotkohl mit Kastanien und Speck 35

Kastanien-Kohl-Rouladen 36
Gefüllter Kapaun 36

Gänsebraten mit Kastanienfüllung 37
Kastanien mit Speck und Äpfeln 37

Pute mit Kastanien 39
Stockfisch mit Kastanien 39

Hasen-Kastanienragout
im Nudelnest 40

Kastanientopf mit Schweinefleisch 41
Rindfleisch mit Kastanien und
Birnen nach katalanischer Art 41

Kastanienauflauf 43
Kastanienauflauf mit Ananas 43

Kastanienauflauf mit Dörrbirnen 44
Kastanienauflauf mit kandierten
Kirschen 44

Überbackene Kastanien 45
Kastaniensoufflé 45

Kastaniensoufflé aus Dörrkastanien 46
Kastanienpudding mit kandierten
Früchten 46

Kastanienpudding mit
Aprikosensauce 47

Kastanienpudding „Rufino" 49
Kastanien-Reis-Pudding 49

Kastanienpudding mit Weinsauce 50

Kastaniencreme 52
Kastaniencreme mit Apfelschaum 52

Kastanien-Birnen-Creme 53
Kastaniencreme mit
Johannisbeergelee 53

Kastanienmousse aus Marrons glacés 55

Kastanien-Bavaroise 55

Kastanienmousse mit Amaretti 56
Kastanienparfait 56

Kastanienmousse mit
Sanddornsauce 57
Kastanientöpfchen 57

Fruchtsalat „Rociera" 59
Süßer Kastaniensalat 59

Kakis mit Kastanienfüllung 60
Kastaniencharlotte 60

Süßspeisen

Kastaniencharlotte, andere Art 61
Kastanienkroketten (Pogatscherl) 61

Kastaniencake 62

Vermicelles 63
Crêpes mit Kastanien- und
Apfelpüree 63

Kastanien-Knödel 64
Kastanienkranz 64

Ravioli mit süßer Kastanienfüllung 65

Fladen / Kuchen   Kastanienfladen „Castagnaccio" 67
Castagnaccio mit Äpfeln 67

Castagnaccio mit Nüssen
und Weinbeeren 68
Gefüllter Kastanienring 68

Kastanienkuchen 69
Kastanien-Gugelhupf 69

Kastanienroulade 70

Schokoladen-Roulade mit
Kastanienfüllung 71

Kastanientorte, gefüllt 72

Kastanientorte mit Glasur 73

Konfekt   Kastanienbällchen 75
Kastanienbouchées 75

Kastanienboote 77

Süße glasierte Kastanien 79
Glasierte Kastanienplätzchen 79

Marrons glacé 81
Kastanienkugeln 81

Kastanienpralinen 83
Kastanienkrapfen 83

Marroni (gebratene Kastanien) 85
Rotweinkastanien 85

Cognac-Kastanien 86

„Betrunkene" Kastanien 87
Kastanien mit Sahne 87

Kastanienkonfitüre mit Cognac 88
Kastanienkonserve 88

Kastanienkonserve mit Milch 89
„Necci" 89